도서출판 대장간은
쇠를 달구어 연장을 만들듯이
생각을 다듬어 기독교 가치관을
바르게 세우는 곳입니다.

대장간이란 이름에는
사라져가는 복음의 능력을 되살리고,
낡은 것을 새롭게 풀무질하며, 잘못된 것을
바로 세우겠다는 의지가 담겨져 있습니다.

www.daejanggan.org

믿음

메노나이트의 신앙과 실천

존 D. 로스 지음

김복기 번역

Copyright © 2005 Hreald Press

Original published in English under the title ;
   Beliefs-Mennonite Faith ans Practice ,
      by John D. Roth.
   Published by Herald Press, Waterloo, Ont. N2L 6H7. CANADA
All rights reserved.

Uesd and translated by the permissions of Herald Press.
Korea Editions Copyright © 2016, Daejanggan Publisher. Daejeon, South Korea

믿음

지은이	존 D. 로스
옮긴이	김복기
초판발행	2016년 1월 19일
펴낸이	배용하
책임편집	배용하
등록	제364-2008-000013호
펴낸곳	도서출판 대장간
	www.daejanggan.org
등록한곳	대전광역시 동구 우암로 75-21 (삼성동)
편집부	전화 (042) 673-7424
영업부	전화 (042) 673-7424 전송 (042) 623-1424
분류	신앙 | 신학과 교리 | 메노나이트
ISBN	978-89-7071-368-7 (04230)

이 책의 저작권은 Herald Press와 독점 계약한 대장간에 있습니다.
기록된 형태의 허락 없이는 무단 전재와 복제를 금합니다.

 값 12,000원

차례

한국 독자들에게 ··· 7

들어가면서 ··· 11

1. 기초들: 메노나이트들이 믿는 것은 무엇인가? ··· 27

2. 기초들: 메노나이트들은 어떻게 믿는가? ··· 39

3. 성경 해석: 메노나이트 렌즈 ··· 54

4. 성경 해석: 비판 및 지속적인 질문들 ··· 69

5. 신자들의 세례: 왕을 선택함 ··· 84

6. 신자들의 세례: 비판과 지속적인 질문들 ··· 106

7. 제자도로서의 믿음: 메노나이트 전통에서의 실행예식 1 ··· 124

8 제자도로서의 믿음: 메노나이트 전통 속에서의 실행예식 2 ··· 144

9. 제자도로서의 믿음: 비판과 지속적인 질문들 ··· 163

10. 가시적 교회: 헌신과 예배 ··· 180

11. 가시적 교회: 공동체를 세우는 실행예식 ··· 194

12. 가시적 교회: 비판과 지속적인 질문들 ··· 212

13. 초청: (포스트)모던 세계에 처한 메노나이트 ··· 230

내 인생을 풍요롭게 한 나의 사랑하는 딸
사라, 레아, 한나, 메리의 신앙과 실천에 감사를 표하며
이 책을 바칩니다.

한국 독자들에게

16세기 아나뱁티스트 운동은 수많은 갈등과 염려스러운 상황 속에서 태동되었습니다. 우리가 사는 이 시대와 너무 흡사하게도 당시 기독교 신앙에 대한 이해는 정치적 분열, 경제적 불안, 사회적 동요, 종교적 논쟁이라는 측면에서 그 맥락을 같이합니다. 아나뱁티스트들은 이러한 긴장 속에서도 신앙과 삶에 대해 끊임없이 질문하기로 유명합니다. 사람들에게 인기가 없더라도 예수 그리스도의 복음에 대한 신념을 분명하게 붙들고 사는 것이 과연 가능한가? 그렇다면 이러한 신념을 표출하는 것이 사회적으로 적절한가? 두려움과 폭력의 문화 속에서 평화의 복음이 진정한 희망이 될 수 있는가?

500년이 지난 지금도 아나뱁티스트 운동의 영적 후손들은 여전히 이러한 질문과 더불어 진지하게 씨름하고 있습니다.

이 책은 아나뱁티스트들이 선포하는 화해와 평화의 메시지를 일관성 있게 주장하면서도 아나뱁티스트-메노나이트 신학이 우리가 사는 세상에 여전히 유효하고 적절한지에 대해 기술하고 있습니다. 한편으로 아나뱁티스트들은 자신들이 믿고 있는 복음을 공적인 영역에서 선포하기를 전혀 주저하지 않습니다. 16세기 이후로 시장에서, 법정에서, 고문실에서, 여인숙에서 아나뱁티스트들은 자신들이 믿고 있는 독특한 신념에 대해 담대히 증언하였고, 필요하다면 타협 대신 고문과 죽음도 기꺼이 감수하며 고집스럽게 믿음에 대해 변호하였습니다. 이러한 믿음의 선배들처럼, 우리 현대 그리스도인들도 성경의 가르침에 근거한 분명한 믿음과 신학적 원칙들에 대해 시종일관 담대히 증언할 수 있기를 바라는 것이 저자의 마음입니다. 비록 자신들의 확신이 사회의 주장이나 기존 교회의 인기 있는 가르침과 정반대의 모습을 보인다 할지라도, 아나뱁티스트 신자들은 조금도 주저하거나 겁먹지 않습니다.

이와 동시에 아나뱁티스트들은 믿음에 대해 증언을 할 때 결코 강압적인 모습을 보이지 않습니다. 16세기에 출현한 다른 프로테스탄트 전통들과는 정 반대로, 아나뱁티스트들은 정부나 국가 권위를 의지하지 않았습니다. 뿐만 아니라, 그들은 자신들의 믿음을 다른 사람들에게 강요하거나 조직적으로 혹은 신학적으로 논쟁하지도 않았습니다. 또한 한 사람의 독보적인 리더의 영향력이나 수직적인 기관이나 권위에 의지하지도 않았습니다..

대신에 아나뱁티스트 증언의 핵심에는 제자들에게 "와서 나를 따르라"고 초청하셨던 예수의 모습을 따라 단순하게 그 길로 사람들을 초청할 뿐입니다. 제자들이 발견했던 것과 마찬가지로, 예수를 따르는 여정은 그들의 삶을 송두리째 바꾸어 놓았습니다. 제자들이 발걸음을 뗄 때마다, 주님은 지금 당장 그들에게 임하는 하나님 나라에 대해 설교하셨습니다. 그러나 이에 못지않게 중요한 것은 예수께서 제자들에게 새로운 나라에서 산다는 것이 어떤 의미인지 직접 보여주셨다는 사실입니다. 예수께서 가르치시고 사셨던 모습은 우리가 알고 있는 상식과는 완전히 달랐습니다. 즉 어린이와 종들이 영광의 자리에 앉고, 가난하고 순전한 사람들이 축복을 받으며, "다른 뺨을 돌려 대거나" "오리를 가자는 사람에게 십 리까지 동행하는" 사람들이 진정한 하나님의 자녀로 인정을 받게 됩니다.

결국, 그리스도의 메시지 중에 가장 능력 있는 표현은 자신의 원수들을 멸망시키기 위해 폭력을 사용하기를 거부한 십자가 위의 말씀입니다. 이는 죽은 자들 가운데서 다시 살아나신 모습으로 놀라운 반전입니다. 제자들에게 부활의 메시지는 아주 명확합니다. 이는 사랑이 두려움을 이기며, 생명이 죽음을 이긴다는 메시지입니다.

이는 1525년에 운동이 시작 때부터 지금까지 전 세계 아나뱁티스트 공동체들이 함께 믿는 신념이기도 합니다. 현재, 전 세계에는 서로 다른 환경에 사는 수 백 개의 아나뱁티스트 그룹들이 존재하는데 이들은 담대하지만 여전히 연약한 모습으로, 확신에 차있지만 결코 강압적이지 않은 방식으로 복음의 좋은 소식을 전하고 있습니다.

    이 책은 이러한 노력에 대한 작은 간증입니다. 비록 북미를 배경으로 쓴 책이지만, 이 책이 말하는 핵심적인 내용들은 한국 독자들에게도 울림이 있을 것이라고 생각합니다. 더 나아가 아나뱁티스트 운동의 한국적 모습이 북미 메노나이트들에게 더 나아가 세계의 아나뱁티스트들에게 깊고 큰 울림을 줄 수 있으리라 생각합니다.

2015년 성탄절에

존 로스

들어가면서

몇년 전, 캘리포니아로 가는 긴 비행기 안에서 나는 옆 자리에 앉은 일본 남자와 한창 깊은 대화를 나눈 적이 있다. 처음에 우리는 날씨라든가, 여행 계획이라든가, 일에 관련된 일상의 주제로 대화를 나누었다. 그러나 우리가 보다 진지한 영역으로 대화를 나누기까지는 그리 오랜 시간이 걸리지 않았다. 곧 알게 된 사실이지만, 이 사람은 일본 광고회사 직원으로 미국 시장에 사업을 확장하기 원하는 아시아 회사들을 돕고 있었다. 그가 담당한 일은 미국 문화의 내부 논리가 무엇인지 이해하는 것으로 자신의 일에 대해 자못 진지했다.

그는 "통계 결과를 통해 기독교가 미국 문화에 매우 중요하다는 사실"을 지적하였다. 그러나 기독교 역사와 신학에 대한 몇 권의 책을 읽었음에도 불구하고, 그가 기독교에 대해 발견한 것은 모호한 내용뿐이었다. "예수라는 사람은 도대체 어떤 사람입니까?"라고 물었다. 그리고 "왜 그가 비참한 방법으로 죽은 것을 사람들이 그토록 중요하게 생각합니까? 왜 사람들은 이러한 방식으로 믿습니까? 그런 죽음이 많은 사람들에게 무슨 의미가 있는 겁니까?"하고 물었다. 질문하는 그의 태도는 매우 진지하였다. 그러나 그는 이러한 믿음의 방식에 대해 어리둥절해 하고 있음이 분명했다. 마침내 그는 내게 "그리스도인들이 믿는 것이 무엇인지 내게 설명을 좀 해주실 수 있으시겠어요?"하고 물었다.

이 질문은 나의 폐부를 찔렀다. 나는 머뭇거리며 말을 더듬기 시작했고 느낌상 무언가 앞뒤가 맞지 않아 당황스러웠다. 결국 나는 내가 어른이 되어 지금까지 살아온 인생 내내 열정적인 그리스도인이지 않았던가? 나는 교회와 관련되어 있는 대학에서 가르치고 있으며, 출석하는 교회에서는 젊은 청년들을 대상으로 주일학교를 인도해왔다. 나 자신을 매우 활동적이며 사려 깊은 믿음을 소유한 사람이라고 생각하였다. 기독교 관련 주제들에 대해 주저함 없이 이야기 해왔었다. 그러나 비행기 안에서 만난 이 친구의 갑작스런 질문은 나를 당황시켰다.

그리스도인이 된다는 의미가 무엇일까? 어디서부터 설명을 해야 할까? 어느 시점인지 정확하게 기억은 나지 않지만 나는 어려서부터 "그리스도인은 춤을 추지 않고, 술을 마시지 않고, 담배를 피우지 않고, 껌을 씹지 않거나 이런 종류의 일을 하는 사람과 만나면 안 된다."고 배워왔다. 그리스도인이 된다는 의미를 이해할 때 이러한 각도에서 접근하는 것이 옳은 일이었을까? 아니면 내 신앙의 전통인 메노나이트들이 어떤 사람들인지 설명하는 것이 좋을까? 아니면 보다 광범위한 유대인의 역사, 초기교회, 가톨릭, 프로테스탄트 종교개혁 등 역사적 흐름을 하나하나 설명해가면서 기독교 신앙을 설명하는 것이 더 좋을까? 아마도 삼위일체 하나님이나 창조와 타락 이야기, 그리고 타락한 인간들을 구원한 이야기 등 기독교 교리의 기본적인 내용들과 더불어 시작하는 것이 더 나을 지도 모른다. 아니면 이 친구에게 그저 "저는 죄인이었는데 하나님의 은혜로 구원을 얻었습니다."라고 시작하면서 거기서 무슨 일이 일어나는 지 반응을 볼까?

물론 우리가 경험하는 기본적인 문화의 차이들을 하나하나 설명히기는 쉽지 않은 상황이다. 그러나 어떤 수준에서 보면 그리스도인들의 배경이 어떻든지 상관없이 믿음의 본질에 대해 소통해야 하는 도전은 어디서나 똑같다. 사람들 사이에 이루어지는 모든 만남들은 특히 우리의 실존과 관련하여 가장 깊게 자리하고 있는 신념을 다루는 만남들은 어떤 의미에서 문화를 건너서도록 한다. 이러한 만남은 서로 다른 경험들과 독특한 정체성의 간극을 연결하기 위해 언어와 논리를 사용해야 이루어진다.

교회 역사는 대부분 기독교가 전제하는 대중문화에 깊이 뿌리박고 있다. 때문에 평범한 그리스도인들에게 회의론자들과 믿음에 대해 소통하거나 믿음에 대해 방어하려는 시도들은 큰 이슈가 되지 않는다. 실제로 여기저기 흩어져있는 유대인 공동체들을 제외하고, 중세 시대 내내 성 로마 제국에 속해 살았던 모든 사람들은 그리스도인이었다. 최소한 그들은 태어나면서부터 세례를 받았던 사람들이다. 비록 사람들이 항상 그 가르침을 따라 살지는 않았을 지라도, 가톨릭교회는 정치, 문화, 경제 등 사람들의 공적, 사적 생활의 모든 부분에 권위로 자리했다.

그러나 종교개혁이 일어나 기존의 기독교국가주의크리스텐덤가 요구하는 종교적 일치를 산산이 조각내버렸다. 가톨릭, 루터교회, 개혁교회는 동일하게 자신들이 참 기독교라고 말하기 시작했고, 모두 자신들이 하나님의 진리 편에 서있다고 확신했다. 각 교파들은 이러한 신념들을 지키기 위해 무력을 사용하였다. 16세기 후반과 17세기까지 긴 세월 동안 이어졌던 피의 종교전쟁은 기독교 유럽에 깊은 상처를 남겼고 종교 리더들이 신학적 논쟁을 어떻게 진행해야 할지 불분명하도록 만들었다.

18세기에 일어난 계몽운동은 종교로 말미암은 폭력과 다원주의라는 새로운 딜레마에 일말의 해결책을 제시하는 듯 했다. 개인의 확신과 사적인 계시를 근거로 천박한 권위의식을 자랑하던 종교인들의 주장이 끝없는 분쟁과 불일치로 치닫자, 계몽운동 사상가들은 모든 종교적 확신들은 이성의 뒷받침을 받아야 한다고 주장했다. 결국 이성이 문화, 신분, 사회계급, 혹은 종교적 신념이나 확신에 앞서 모든 사람이 공유해야할 인간 정신의 중요한 요소로 자리하게 되었다. 논리적 원칙에 의해 검증되지 않으면 어떤 종교적 주장들이라도 하나의 의견이나 미신으로 치부되었.

이러한 접근방식에는 분명한 장점들이 있다. 이성이라는 보편적 기반에 근거한 믿음이 종교적 분쟁을 평화로운 방식으로 해결하고 복음을 증진시켜 줄 것이라고 이해했다. 종교적 유행을 따라 논쟁을 즐겨하는 아주 영민한 사람들조차도 반대편에 있는 사람을 궁지에 몰아넣기 위해서는 결국 이성의 논리를 따라 복음을 주장해야 앞으로 나아갈 수 있었다.

그러나 이러한 접근 방식에도 이전과 똑같은 문제점들이 있다. 만약 이성이 신앙의 모든 문제들에 대한 궁극적인 답을 줄 수 있다고 한다면, 기독교가 논리적 주장이나 교리적 공식에 불과한 모습으로 축소되기 때문이다. 신앙에 대한 열띤 논쟁들을 벌이고 당신의 대화 상대자가 공식적으로 동의할지라도 마음 속 깊은 곳에서는 아무런 변화가 일어나지 않을 수 있기 때문이다.

신앙에 대한 이성적인 논쟁들은 종종 이성의 권위가 인간의 삶의 모든 측면에 별 영향력을 행사하지 못하는 비서구문화에서는 그다지 설득력을 얻지 못한다. 예를 들어 비행기 안에서 만나 대화를 나누었던 일본 친구는 매우 이성적이고 영리한 사람이었다. 그러나 불교 사상이 편만한 그의 문화적 맥락 속에서 본다면 그리스도인으로서의 나의 주장은 모든 것이 이성적인 것으로밖에 보이지 않을 것이다.

최근 몇 십 년 동안 서구 문화는 이전의 계몽운동이 표방하던 이성주의에 대해 반발하는 모습을 보여 왔다. 진리에 대한 모든 주장들은 항상 언어, 문화, 개인의 경험이라는 특별한 맥락에 의해 제한을 받는다는 인식 아래, 포스트모던 접근방식은 다른 사람들을 설득하고자 하는 모든 종교적 노력을 거부하도록 만들었다. "당신은 당신이 믿고 싶은 것을 믿고, 나는 내가 믿고 싶은 것을 믿으면 된다."는 식으로 논쟁의 방향이 정리되었다. 개인의 종교적 신념에 근거한 진리로 다른 사람들을 설득하려는 시도는 실패를 자초할 뿐 아니라, 다른 사람을 강요하는 모습으로 인식되었다. 그것이 공공연한 폭력의 방식들은 아니라 할지라도 사람들을 다루고 통제하려는 교묘한 형태로 인식되었다.

계몽운동이 확신 있게 주장하던 것들에 대한 반작용은 상당히 그럴 듯해 보인다. 결국 서로 다른 문화의 환경 속에서 사람은 실존에 대한 우리들의 신념들 중에 얼마나 많은 것들이 단순히 우리가 속한 특별한 문화와 성장해온 배경이 남겨놓은 편견에 불과한지 재빨리 인식하게 될 것이다. 만약 음악에 대한 기호, 어린이들에 대한 태도, 그리고 시간에 대한 인식들이 우리의 문화적 상황을 반영하는 것이라면, 왜 종교적 선호도 또한 우리의 환경이 남겨놓은 영향력의 산물이라고 생각하지 않을까?

그러나 이러한 접근 방식은 언뜻 보기에 상당한 설득력이 있을지 모르지만, 대부분의 그리스도인들을 만족시키지 못한다. 궁극적으로 진리에 대한 주장은 인간 존재의 근원은 물론 실존이라는 본질과 관련되어 있어 피하고 싶어도 피할 수 없는 문제이기 때문이다. 결국 우리는 모두 환경의 산물이라고 규정하는 포스트모던사회는 예수가 하나님의 아들이었다는 주장조차 단순히 증명 불가능한 "진리의 문제"라고 확언하고 있다. 조금 더 깊이 들여다보면, 종교적 신념을 우연히 발생한 문화라고 주장하는 것은 마치 너는 펩시를 마시지만 나는 코카콜라를 마신다는 태도처럼 신앙을 사적 기호 수준으로 전락시켜 놓았다. 그러나 여전히 그리스도인들은 신앙을 개인의 변덕스러운 모습 그 이상이며, 출생의 우연이나 문화의 특이한 체질보다 더 깊은, 진리Truth에 닻을 내리고 있는 것으로 이해한다.

그렇다면 우리에게 남아있는 것은 무엇인가? 우리가 만나는 사람들에게 진정으로 알려줄만한 믿음에 관한 뭔가가 있기는 한 걸까? 만약 그런 게 있다면 도대체 믿음이란 무엇일까? 그리고 어떻게 하면 이러한 신념을 잘 표현할 수 있을까?

이 책은 바로 이러한 질문과 도전에 적극적으로 대답하고자 노력을 기울인 한 신앙인의 기독교 신앙 및 실천사항에 대한 책이다. 비록 메노나이트 신앙과 실천에 대해 간략한 서술이지만, 좀 더 깊은 의미에서 볼 때, 이 책은 도대체 그리스도인들이 무엇을 믿는지에 대해 관심을 가졌던 일본 친구의 질문에 대한 나의 답변이기도 하다. 베드로전서 3장 15절에 "여러분이 가진 희망을 설명하여 주기를 바라는 사람에게는, 언제나 답변할 수 있게 준비를 해 두십시오."라는 말이 기록되어 있다. 이 책은 지난 5백 년 동안 메노나이트 교회를 이끌어 온 기독교 신념들로서 누군가 우리가 가진 믿음에 대해 설명하여 주기를 바라는 사람들에게 말해 줄 수 있는 간단한 답변이다.

믿음과 교리에 초점을 맞춘 1,2장은 일반 기독교 교회와 함께 메노나이트들이 견지하고 있는 신앙의 기초들에 대한 내용으로 구성되어 있다. 가톨릭과 프로테스탄트들 중 어떤 사람들은 역사상 아나뱁티스트-메노나이트 전통이 사회에 위협적인 존재였다고 잘못 알고 있지만, 메노나이트 신학의 기초들은 성경과 기독교 전통에 깊이 뿌리를 박고 있다. 무엇보다 가장 먼저 이야기해야 할 내용으로서 메노나이트들은 성경을 믿으며, 삼위일체, 예수 그리스도를 믿음으로 구원을 얻는다는 내용을 비롯한 많은 다른 기본 교리들에 대해 논쟁하지 않는다. 그러나 이와 동시에 메노나이트들은 "성육신"이라는 독특한 신학적 관점을 견지하고 있다. 이 성육신의 신학은 교회와 관련된 가르침으로써 메노나이트들에게 매우 중요하며 이러한 가르침은 매일 생활 속에서 아주 구체적인 모습으로 정착되어 있다.

  3~11장은 메노나이트 전통에 녹아있으며 서로 깊은 연관성을 갖고 있는 네 가지 주제 즉 성경해석, 세례, 제자도, 교회에 초점을 맞추었다. 각 주제는 비슷한 구조를 따라 정리하였다. 각각의 개념에 대해 메노나이트들이 갖고 있는 독특한 이해가 무엇인지 요약한 후에, 다음 장에서는 다른 전통에 속한 그리스도인들이 메노나이트 관점에 대해 갖고 있는 질문들과 관심사안들 그리고 동의하지 않는 몇 가지 내용들에 대해 설명해 놓았다. 이렇게 글을 전개한 의도는 신학적인 불일치가 의미상 어떤 차이가 있는지 설명하기 위함도 아니고, 다른 기독교 그룹들의 관점을 간략하게 설명하기 위함도 아니다. 오히려 내가 의도한 바는 메노나이트들이 견지하는 신학적 내용들을 가장 잘 이해할 수 있도록 제시하고, 다른 기독교 전통과 지속적인 대화를 이루어나가도록 함이다. 이렇게 하는 이유는 여러 다른 대안적 시각들과 함께 대화를 할 때, 비로소 그 그룹의 신념이 가장 분명하게 드러나기 때문이다.

마찬가지로 이 책의 각 장에는 현재 메노나이트 회중 안에 존재하지만 여전히 해결되지 않은 여러 질문들이 들어있다. 이렇게 하는 것은 우리에게 이렇게 지저분한 빨래들이 많다고 치부를 드러내기 위함도 아니고, 우리 안에는 이러한 다양성이 존재한다고 떠벌이고자 함도 아니다. 오히려 아나뱁티스트-메노나이트 전통이 견지하는 기독교 신앙을 보다 더 역동적으로 이해하고 새로운 도전과 상황들을 마주하는 다른 신자들과 함께 하나님의 뜻을 함께 분별하고자 함이다. 이러한 차이점을 규명하는 것이 지역의 메노나이트 회중은 물론 세계교회라는 정황 속에서 함께 건강한 대화를 나누도록 격려하는 모습이 되기 원한다.

이 책이 제시하는 것처럼, 메노나이트 신앙이 그 본질에 있어서 성육신을 추구한다면, 어떻게 이 시대의 메노나이트들이 그들의 삶 속에서 하나님의 뜻을 분변하는지 보다 더 큰 질문을 던지는 것도 좋을 것이다. 영과 육, 말과 행동, 믿음과 실천이라는 교차로에서 어떻게 삶을 살아갈까? 북미 문화는 현대 그리스도인들에게 단지 두 가지 선택사항만 제공하는 것처럼 보인다. 그 하나는 도덕적 상대주의가 우리를 일정한 방향을 밀고 나가는 동안 신자들은 허공에 주먹질을 하거나 진리를 규명하는 가능성이 아예 불가능하다고 포기하는 모습이었다. 또 다른 하나는 그리스도인들이 일말의 주저함과 타협 없이 공식화된 신학적 논제에 고집스러운 모습으로 우리 자신을 내맡기는 모습이었다. 아나뱁티스트-메노나이트 전통은 신자들로 하여금 이러한 극단적인 선택을 거부하며 "시간에 끼여" 긴장 속에서 살아가는 제 3의 길을 제시하기 위해 최선을 다해 왔다. 그럼에도 불구하고 우리의 현실에서 끊임없이 마주하는 죄성을 인정하면서, 메노나이트들은 예수의 가르침을 따라 삶의 방향을 조정하고, 능력 있는 성령님의 은혜에 가까이 가며, 다가오는 하나님 나라의 지평선을 따라가는 삶을 살아왔다. 이들은 충만한 하나님의 시간 안에서 살기를 기대하며 구원받은 삶을 지금 여기에서 실현하고자 한다. 이 세상에서 다른 그리스도인들과 함께 살아가면서 "하나님 나라가 이 땅에 임하고, 하나님의 뜻이 하늘에서 이룬 것 같이 이 땅에서도" 이루어지기를 기도한다.

예리한 독자들은 이미 내가 아나뱁티스트와 메노나이트라는 용어를 번갈아가면서 사용하고 있다는 사실을 알아차렸을 것이다. 엄밀히 말해서 아나뱁티스트 운동은 16세기 유럽에서 생겨난 기독교 개혁 운동을 의미한다. 종교개혁의 영향 아래, 아나뱁티스트들은 개혁가들이 주창하던 내용들을 즉각 실천에 옮겼다. 이는 유아세례를 거부하고 신자들의 세례를 실천에 옮기는 모습으로 표출되었다. 아나뱁티스트 그룹 대부분은 물리적 폭력을 사용하지 말 것과 맹세하지 말라는 예수의 가르침을 순수하게 적용하는 입장을 고수한다. 또한 구속받지 못한 세상과 갈등은 불가피한 것으로 이해하며, 자발적으로 모이는 신자들의 삶의 방식으로서 교회를 바라보며 물질 나눔의 공동체로서 살아가도록 격려한다.

18세기 말에, 아나뱁티스트 후손들은 세 가지 서로 다른 그룹으로 살아가게 되었다. 메노나이트라는 이름은 16세기 중반 네덜란드 리더 메노 시몬스의 이름을 따라 지어졌다. 후터라이트라는 이름은 유무상통의 공동체의 원리를 추구한 제이콥 후터라는 사람의 이름을 따라 지어졌다. 한편 아미시는 17세기 후반 교회와 세상의 엄격한 분리를 주장하고 새로운 갱신운동을 주창한 제이콥 암만이라는 사람의 이름을 따라 지어졌다. 이 책에서는 주로 메노나이트에 초점을 맞추고자 한다. 그러나 때때로 나는 이미 메노나이트들이 사용하는 신학의 급진적 신념을 강조하는 방식으로써 아나뱁티스트-메노나이트라는 용어를 사용하고자 한다. 또한 상황에 따라서 나는 현 시대에 존재하는 보다 큰 가족으로서 메노나이트, 후터라이트, 아미시를 비롯하여 16세기 아나뱁티스트 운동이라는 역사를 공유하는 여러 작고 큰 그룹들을 설명하기 위해 아나뱁티스트라는 단어를 사용할 것이다.

현재 전 세계에는 약 백 이십 만 명의 아나뱁티스트들이 존재한다. 수십 개의 서로 다른 언어와 인종들이 자신들의 문화와 전통을 반영하며 아나뱁티스트 가족을 이루고 있다. 여기에 속한 그룹 대부분은 이 책에서 내가 말하려하는 주제들에 대한 내용을 인정하지만, 특별히 이 책에서는 주로 전 세계 메노나이트의 25%에 해당하는 북미의 메노나이트를 염두에 두고 썼다.

몇 가지 조건들

어떤 그룹의 신앙과 실천의 본질에 대해 요약하기 위해서는 많은 위험을 감수해야한다. 예를 들어 루터교의 옥스버그 신앙고백과 같은 역사적 신앙고백이나 가톨릭교회의 리더들이 천명한 신앙고백들과 다른 신학적 정체성을 갖고 있는 그룹의 신앙과 실천의 본질에 대해 요약하는 일은 더 많은 위험을 감수해야 한다. 비록 신앙고백의 내용이 아주 정확한 것이라 하더라도, 나는 이곳에서 메노나이트 신앙에 대해 언급하는 모든 면을 적합하다고 설명하려는 유혹을 떨쳐버리고자 최선을 다할 것이다. 이 책은 몇 가지 일반적인 내용을 좀 더 상세하게 이야기함으로써 이 책의 한계에 대해 일러두고자 하다.

이 책에서 정리한 메노나이트 신앙과 실천에 대한 내용은 현 메노나이트 교단이 공식적으로 발표한 성명서는 아니다. 불가피하게 이 책에서 내 생각을 피력하기 위해 자세하게 설명한 예들은 나 자신의 경험과 개인적인 이해를 반영한 것임을 일러두고자 한다. 그럼에도 불구하고 1995년 캐나다와 미국 메노나이트 교회가 발표한 『메노나이트 신앙고백서』KAP 출판는 이 책을 저술할 때 참고한 기초석 내지는 배경이 되었다. 이 문서가 설명한 각 신앙고백의 내용과 이 책의 내용은 정확하게 일치한다.

아나뱁티스트-메노나이트 전통이라는 관점으로 기록한 기독교 신앙에 대한 나의 진술은 예수가 메노나이트였다거나 기독교에 대한 아나뱁티스트 입장이 무흠하다는 의미가 아니다. 또한 다른 그룹의 실천 사항의 취약점과 메노나이트의 가장 좋은 이상을 서로 비교하는 유혹에 빠지지 않기 원한다.

여전히 나는 신앙에 대해 분명한 신념을 갖고 있는 메노나이트 중 한 사람으로서 이 책을 저술하였다는 사실을 독자들이 알아주

었으면 한다. 메노나이트로서 이 책이 아나뱁티스트-메노나이트 신앙과 실천에 대해 설득력 있는 설명이 되었으면 하는 바람이 있다. 공평하고 존중하는 자세로 글을 쓰지만, 무정한 척 하고 싶지는 않다. 결국 성경과 기독교 신앙은 시간을 초월한 진리이지만, 여전히 우리의 특별한 상황과 제약 속에서 표현될 수 있을 뿐이다. 이러한 의미에서 우리는 항상 진리를 간직하고 살기보다는 그 진리를 증명하는 모습으로 살아야 한다.

제한적인 이해를 갖고 있는 우리가 보편적 진리에 대해 소통하려면 빛의 본성에 대해 깊이 묵상해 보아야 한다. 우리 모두는 빛을 본 사람들이다. 우리는 빛이 우리 일상 상활에 꼭 필요한 요소임을 받아들이며 그 빛이 우리 안에 존재하는지 아닌지 끊임없이 질문해야 한다. 그럼에도 불구하고 우리는 여전히 아주 순전한 형태의 빛을 완전히 인식할 수 없음을 알아야 한다. 태양 빛은 항상 대기에 의해 굴절된다. 인공 빛은 항상 전구라는 매개를 통해서만 빛을 발한다. 어떤 의미에서 우리가 보는 이러한 빛은 항상 우리가 보는 물체와 일정 부분 떨어져서 존재한다. 전구는 빛과는 본질적으로 다르며 빛이 아니다. 그것은 항상 자신이 비추고 있는 빛에 차선하여 존재한다.

마찬가지로 내가 이 책에서 바라는 것은 복음의 진리 즉 하나님의 빛이 이 책을 통해서 드러나기를 바란다. 궁극적으로 이 책을 읽는 독자들이 이 책에 실린 글을 통해 "이 세상에 빛으로 오신" 예수 그리스도를 깊이 묵상하길 바란다. 그러나 동시에 이러한 빛이 특정한 언어와 전통이라는 렌즈를 통해서 경험되고 보인다는 사실을 잊지 말아야 한다. 아나뱁티스트-메노나이트 신앙의 역할은 빛을 신실하게 반영하는 일이라는 것이 나의 신념이다. 나는 예수의 말씀이 그 어떤 전통보다 밝고 분명하게 빛난다고 믿고 있다. 그러나 또한 아나뱁티스트-메노나이트 신앙에 대한 나의 설명이 진리 그 자체가 아니라, 진리에 대해 증거하는 것임을 다시금 분명하게 밝히고 넘어가야 할 것이다.

초청

어떤 독자들은 메노나이트 교회의 새로운 신자로 활동하거나 이미 오랜 세월동안 메노나이트 교회에서 살아왔을 것이다. 바라기는 이 책의 글들이 메노나이트를 경험한 사람들에게는 이미 알고 있는 사실을 다시 새롭게 해주며, 그들이 갖고 있는 신앙의 의미를 더 풍부하게 해주면 좋겠다. 아마도 이 책은 이런 사람들에게 보다 친근하고 정확한 언어로 다가갈 것이며 그동안 말로 명확히 표현하지 못했던 사실에 대한 의미를 찾아줄 것이다.

어떤 독자들은 메노나이트라는 단어조차 너무 낯설어서 아마 메노나이트들이 어떤 사람인지 모르거나 그들이 믿는 내용에 대해 분명한 이해가 없을 수 있다. 이러한 독자들에게 기독교 공동체의 한 작은 그룹인 메노나이트들이 무엇을 어떻게 믿고 있는지 이해의 폭을 넓혀주는 책이 되길 바란다. 또한 메노나이트에 대한 오해가 있었다면 이를 바로잡아주는 책이 되면 좋겠다. 비록 이 책이 메노나이트와 다른 기독교 그룹들이 차이가 있다는 점을 염두에 두고 기술되었지만, 많은 점에 있어 다른 기독교 전통과 공유하는 점들도 상당히 많다는 사실을 알고 앞으로 메노나이트들과 보다 더 많은 대화를 할 수 있기 바란다.

마지막으로 만약 당신이 여기에 기술된 생각에 동의하지 못한다면 메노나이트들이 하나님을 대신해서 당신의 구원의 입장에 대해 판단할 의향이 조금도 없다는 사실만 미리 알아두었으면 한다. 우리는 믿음을 아주 진지하게 생각한다. 우리는 진리를 기뻐하지만 우리만이 그 진리를 온전히 소유할 수는 없을 것이다.

1. 기초들: 메노나이트들이 믿는 것은 무엇인가?

> 우리는 사도들이 기록한바 그리스도께서 가르치시고
> 행하신 것 외에는 아무 것도 믿지 않는다.
> **한스 랜디스 (1613)**

길을 가는 사람 중 아무나 붙들고 그들에게 메노나이트에 대해 물어보면, 아마도 들을 수 있는 대답은 다음과 같을 것이다.

"메노나이트…. 아, 몰몬교도 말인가요?"

"메노나이트요? 처음 듣는 말인데요? 들어본 적이 없어요!"

"아, 메노나이트 좀 알아요. 검정색 옷을 입고 마차를 타고 다니는 사람들 말하는 거지요?"

메노나이트들은 기독교 교파 중 상대적으로 작은 교파로서 전 세계에 대략 1백 2십 만 명 정도가 있다. 아미시현대 기술문명을 거부하고 독특한 옷을 입고 사는 그룹으로 메노나이트와 영적으로 사촌지간으로 알려져 있는 아나뱁티스트 그룹와는 다르게 메노나이트들은 그다지 눈에 잘 띄지 않는다. 최근까지 메노나이트들은 주로 시골에 많이 살았다. 사람들의 영혼과 관련하여 우리들이 주로 하는 활동은 구제나 봉사에 초점이 맞추어져 있다. 그리고 우리는 믿음을 알리기 위해 공격적인 방식이나 격식을 갖춘 미디어를 사용하거나 선전하지 않는다.

비록 많은 사람들이 메노나이트들이 어떤 사람인지 어렴풋이 알고 있기는 하지만, 메노나이트들은 기독교 전통에 뿌리를 둔 아주 독특하면서도 오랜 역사를 갖고 있다. 우리 교회가 처음 생겨난 것은 16세기 종교개혁의 때와 그 맥락을 같이한다. 어떤 사람들은 사도들의 초기 교회와 메노나이트 교회를 연결 짓기도 한다. 모든 그리스도인들이 그렇듯이, 메노나이트들은 성경을 읽고 예수를 믿는다. 우리는 항상 기도하기를 힘쓰며, 일요일에는 회중으로 모여 예배를 드리며, 일상 속에서 우리의 신앙이 드러나도록 힘쓴다. 메노나이트들은 많은 면에서 소위 말하는 기독교 신자들과 많은 것을 공유한다.

그러나 이와 동시에, 약 500년 동안 메노나이트는 그들만의 아주 독특한 정체성을 발전시켜 왔다. 이러한 정체성은 다양한 신앙과 실천으로 나타났으며 가톨릭교회와 기존의 주류 프로테스탄트 교회와 구별되기도 한다. 현재 종교에 대해 관용을 베푸는 우리 문화 속에서 이러한 차이점은 그다지 중요하지 않게 보이거나 그저 개인의 관심사 정도로 여겨지기도 한다. 그러나 1520년대 – 소위 아나뱁티스트들이라고 불리는 – 메노나이트 선조들이 처음 생겨났을 때, 가톨릭교회와 프로테스탄트 교회는 모두 아나뱁티스트들의 가르침이 너무 위험하다고 여겨 그들을 범법자로 규정하였다. 아나뱁티스트와 메노나이트들이 생겨난 지 얼마 되지 않은 처음 2,30년 동안 수 천 명의 아나뱁티스트들이 처형을 당했다. 믿음 때문에 수많은 사람들이 수장, 화형, 고문을 당하며 형장의 이슬로 사라졌다. 죽음은 모면하였으나 더 많은 사람들이 감옥에 갇히거나, 유배를 당하거나, 추방되었다. 16세기 이후부터 몇 세기 동안 아나뱁티스트의 후손들인 메노나이트, 아미시, 후터라이트 자손들은 자신들의 신념 때문에 거의 다 죽게 되었다. 그나마 종교를 관용하는 사회의 언저리에서 살아갔지만, 늘 의심의 눈초리와 경멸을 감내하며 살아야 했다.

기본 신념

이러한 박해의 역사가 보여주는 것과는 정 반대로 메노나이트들은 교회의 오랜 전통과 성경이 가르치는 예수를 만나 그의 가르침을 따라 살기로 헌신한 진정한 그리스도인이었다. 1995년 북미의 메노나이트 교회는 꽤나 긴 과정 끝에 그들의 신앙고백을 문서로 정리하였다.『메노나이트 신앙고백서』이 고백은 그 자체로 진지하게 연구할만한 가치가 있다. 여기에서 내가 강조하고 싶은 일곱 가지 사항이 있는데, 이는 전 세계의 메노나이트들이 공동의 신념으로 고백하고 있는 내용이기도 하다. 다른 교파의 전통에서 신학을 공부하는 사람들과 독자들이라면 이 일곱 가지가 정확하게 무엇이냐고 채근하거나 뭔가 중요한 의미가 빠져있다고 도전할 지도 모른다. 그러나 이 책의 많은 부분이 메노나이트들이 견지하는 독특한 신앙과 실천에 대한 내용이기에 아래에 정리해 놓은 요약 내용이 어떤 독자들에게 메노나이트들은 이단이라는 오래된 혐의를 재확인시켜주는 모습으로 다가올지도 모른다. 그러나 보다 긍정적인 의미에서 이러한 과정은 메노나이트 교회의 기초가 다른 수 천만 그리스도인들이 알고 있는 전통에 뿌리를 내리고 있다는 사실을 알게 해줄 수도 있다. 비록 우리가 표현하는 신념들과 이를 표현하는 방식에 전적으로 동의하지 않을지라도, 이러한 공동의 신앙고백이 갖는 초점은 기독교 내에 보다 더 폭넓은 일치를 추구하는 데 있어 참고할만한 점들이 무엇인지 나누며 지속적인 대화를 나누는 근거가 될 수 있을 것이다.

1. 하나님. 다른 그리스도인들처럼 메노나이트들은 모든 것을 하나님을 믿는 믿음에서 출발한다. 아주 단순하지만 이러한 첫 번째 신앙고백을 건너뛰고 이야기하는 것은 항상 위험천만한 일이다. 왜냐하면 하나님에 대한 설명은 우리의 이해와 그 한계를 규정하기 때문이다. 우리 인간의 언어로 하나님에 대해 규정하는 순간부터 우리는 하나님을 제한하기 시작하며, 우리가 내린 정의와 개념으로 하나님을 이해하는 위험과 마주하게 된다. 시간이 존재하기 전에 계신 하나님에 대해 말하거나 혹은 무로부터 우주를 창조하신 하나님에 대해 말하는 것은 좋은 예이다. 때때로 우리는 하나님에 대해 설명하면서 언어의 모순을 경험하기도 한다. 하나하나를 따로 놓고 보면 진리이나, 두 개의 주장을 함께 놓고 보면 모순처럼 느껴지는 경우도 있다. 하나님은 정의공평로우시며 동시에 사랑용서의 하나님이시라는 말이 좋은 예이다. 의로우시면서 오래 참으시는 하나님, 전능하시면서 자비에 풍성하신 하나님,

변함이 없으시지만 우리의 행동에 반응하시는 하나님 등이 이러한 예이다. 다른 그리스도인들처럼 메노나이트들은 유일신론자우리는 하나님이 한분이시라고 믿는다들이지만, 아버지, 아들, 성령이라는 하나님의 세 인격위, 격persons을 믿는다. 하나님을 이해하는 우리 마음 중심에는 우주를 지으신 창조주가 우리 한 사람 한 사람을 개인적으로 아시며, 우리를 무조건적으로 사랑하신다는 단순한 확신이 있다.

2. 인간: 하나님의 형상으로 창조되었으나… 죄성을 갖게 되었다.

메노나이트들은 하나님께서 바로 "자신의 형상을 따라" 인간을 창조하셨다는 사실을 믿는다. 이 말은 사람들이 하나님과 친밀한 관계를 갖고 하나님의 성품과 영광을 반영한다는 말이다. 그러나 여전히 인정해야 할 것은 아담과 이브의 시대 이후로 우리 인간은 하나님과 깨어진 관계를 유지해가고 있다. 우리의 본성 안에 있는 무엇인가가 우리를 하나님으로부터 멀어지도록 노예처럼 우리 행동을 반복하고, 동료들과 다투고, 좀 더 독립적으로 혹은 자기중심적으로 살게 한다. 우리는 우리 자신들을 이러한 환상에 빠지도록 내버려둠으로써 하나님이 더 이상 이 세상에 머무시기에 부적절한 존재로 만들고 있다. 인류에 대한 하나님의 의도가 와해된 모습 – 그리스도인들은 이러한 것을 죄라고 부른다 — 은 개인에게 뿐만 아니라, 사회에 잘 드러나 있다. 선한 목적들을 표방하는 사회 구조와 정치구조조차 그들이 처음 의도하고 계획한 것과는 터무니없이 다른 모습으로 나아가고 있다. 바울이 로마서에서 기록하고 있는 것처럼 "피조물이 다 이제까지 함께 탄

식하며 함께 고통을 겪고 있다."로마서 8:21~22

3. 역사 속의 하나님의 활동. 메노나이트들은 인간의 고집스럽고 이기주의적인 성향에도 불구하고, 하나님께서 인간을 포기하지 않으셨다고 믿는다. 하나님은 창조와 우리 자신들 안에서 채 점검되지 않은 악의 존재를 허락하지 않으셨다. 그러나 하나님은 인내로 인간들이 하나님과 관계를 다시 회복하고 하나님과 화해할 수 있도록 가능성을 열어놓으셨다. 구약성경에는 하나님께서 끊임없이 인간의 역사에 개입하신 여러 가지 이야기가 들어있다. 이는 처음 창조된 목적으로 우리를 되돌려놓는 일에 대한 이야기다. 대홍수 이후 하나님은 노아에게 새로이 갱신된 언약의 증표로서 무지개를 보여주셨다. 하나님은 축복을 약속하시면서 아브라함과 사라와 언약을 맺으셨다. 하나님은 "능력 있는 팔을 펴셔" 이스라엘 자손들을 이집트에서 이끌어 내셨다. 그리고 구약의 여러 선지자들은 계속 반복해서 공동체 내의 약자들 곧 고아와, 과부와, 나그네들을 향한 하나님의 관심사를 적극적으로 선포하였다. 선지자들은 메시아를 소개하면서 하나님과 인간의 교제가 다시금 회복될 것이라는 희망을 선포하였다.

신약은 놀라운 이야기들을 통해 역사에 드러난 이러한 하나님의 행동을 보여주고 있다. 예수는 "기적과 능력"으로 이 땅위에 하나님 나라가 도래하고 있음을 선포하였다. 그의 가르침과 기적들은 상한 심령, 상한 몸, 깨어진 관계를 치유하였다. 그의 부활은 죽음을 넘어서는 생명의 능력을 선포하였다. 오순절 이야기와 제자들의 선교

여행은 그리스도의 이름으로 모인 교회에서 성령이 어떻게 살아서 일하시는지 보여주는 강력한 증거다. 여러 시대의 많은 그리스도인이 증거하듯이 우리도 그리스도께서 승리하는 모습으로 다시 오실 때 인간 역사의 정점에 서게 될 것을 기대한다. 메노나이트들은 역사 속에서 여전히 자신의 목적을 따라 일하시는 하나님을 믿으며, 이러한 이야기의 부분이 되도록 다른 사람들을 초청한다.

4. 하나님의 아들 예수 그리스도안에서 구원을 얻음. 다른 기독교 전통과 마찬가지로, 메노나이트들은 이러한 위대한 이야기의 중심이자 가장 중요한 사람으로 예수 그리스도가 계심을 믿는다. 예수의 삶과 죽음과 부활을 통해 하나님은 죄로부터 구원을 제시하시고 하나님은 물론 서로 온전한 교제를 회복하며 살아갈 가능성을 제시하셨다. 하나님에 대한 설명처럼, 예수에 대해 설명할 때도 항상 언어의 상상력을 확대할 수 있어야 한다. 예를 들어 우리는 예수께서 성령으로 잉태되었고, 동정녀 마리아에게서 나셨고, 죄가 없다고 믿는다. 그러나 예수가 온전한 인간이며, 시험을 받으셨고, 우리가 겪는 동일한 신체적 고통, 외로움, 슬픔을 경험하셨다고 믿는다.

우리는 우리 자신의 잘남과 능력이 아니라 그리스도를 통한 하나님의 은혜로 말미암아 구원을 얻는다고 믿는다. 그러나 우리의 죄를 용서하시는 동일한 예수가 "너희는 하늘에 계신 아버지께서 온전하신 것처럼 온전"마5:48하도록, "죄악된 삶에서 떠나도록" 요8:11 우리를 부르신다. 예수는 십자가 위에서 부끄럽고, 불의하고, 고통스러운 죽음을 경험함으로써 우리의 죗값을 치르셨다. 부활을 통해 그는 죄와 악의 권세를 깨뜨리셨다. 우리는 죄로부터 돌아서고, 예수 그리스도를 구세주와 주로 받아들임으로써 하나님의 구원을 받아들인다. 메노나이트들은 그리스도를 삶의 한 가운데 모셔 들임으로 '그리스도 중심'의 삶을 산다. 바울이 기록한 것처럼, "이 닦아 둔 것 외에 능히 다른 터를 닦아 둘 자가 없으니 이 터는 곧 예수 그리스도"이기 때문이다. 고전3:11

5. 그리스도의 몸으로서 교회. 메노나이트들은 하나님의 백성으로 모인 공동체, 즉 교회 안에서 우리가 그리스도를 가장 잘 볼 수 있다고 믿는다. 역사 내내, 그리스도인들은 교회를 여러 가지 방식으로 묘사해왔다. 대부분의 메노나이트들은 교회는 건물이 아니며, 기관도 아니며, 어떤 정해진 예배의식도 아니라는데 동의할 것이다. 우리는 예배나 기도, 그리고 공동체에서 함께 실천하는 세례식과 주의 만찬과 같은 실행예식을 통해 살아계신 그리스도의 현존을 기뻐한다. 이러한 행동은 그리스도께서 이 땅에서 살아계시는 동안 친히 보여주신 자비와 평화의 사역을 교회가 계속 수행해나가도록 능력을 부여한다. 교회는 내부적 생명력과 외부적 세상을 향해 다가오는 새 시대의 정의, 평화, 공의, 사랑을 드러내는 영적, 사회적, 경제적 실체이다. 세상은 여전히 죄성이 있지만, 메노나이트들은 교회의 회원들이 미래에 통치하시는 하나님의 원리에 따라 지금 이곳에서 살아가도록 부름 받았다고 믿는다.

6. 거룩한 성령. 메노나이트들은 성령을 믿는다. 하나님과 예수님을 설명하듯이, 성령님을 설명하는 언어는 매우 추상적이어서 아무 의미가 없거나 곤충채집을 해 놓은 나비처럼 의미가 축소되는 경우가 많다. 그러므로 우리는 종종 성령에 대해 말할 때, 바람, 불꽃, 비둘기와 같은 비유법을 많이 쓴다. 하나님의 성령은 세상을 창조하셨고, 선지자들과 성경을 저술한 사람들에게 영감을 주셨다. 성령님의 능력에 의해 예수는 하나님 나라의 복음을 선포하였고, 병자를 고치고, 십자가 위의 죽음을 받아들이고, 죽은 자 가운데서 다시 살아나셨다.

성령은 교회에 능력을 부여한다. 오순절에 하나님은 여러 나라에서 온 사람들이 교회로 모이자 그들 위에 성령을 부어주셨다. 그리스도인들은 성령의 은사로 그들에게 주어진 목회를 감당한다. 그러기에 교회는 예수의 모범을 따라 하나님 나라에 대해 설교하고, 가르치고, 증거하고, 치유하고, 사랑하고, 고통 받고, 그를 따른다. 우리가 하나님 사랑에 대한 복음을 들을 때, 성령님은 사람들이 회개하고, 죄를 고백하고, 구원의 선물을 받아들이도록 마음 문을 여신다. 성령님은 고난 받는 사람들을 위로하시고, 박해의 순간에 우리와 함께 하시고, 우리의 연약함을 중보 하신다.

7. 마지막 때. 끝으로 메노나이트들은 대부분의 그리스도인들처럼 우리가 이미 이 땅에서 경험한 구원은 단지 맛보기에 불과하며, 완전한 끝이 아니라고 믿는다. 그러므로 그리스도는 죄와 사망의 세력을 완전히 굴복시키시며, 구원자들은 하나님과 영원히 함께 교제

하며 살게 될 것임을 믿는다. 현재 우리가 고민하는 선악 간의 싸움은 결국 하나님의 최후 승리로 끝나게 될 것임을 믿는다. 죽은 자의 부활과, 산자와 죽은 자를 심판하시러 오시며, 새 하늘과 새 땅이 도래할 때, 하나님의 백성들은 결국 정의와 평화로 통치하시는 그리스도와 함께 나라를 다스리게 될 것이다.

하나님께서 예수를 죽음에서 다시 살리신 것처럼, 우리 또한 죽은 자들 가운데서 다시 살아날 것을 믿는다. 의로운 사람들은 하나님과 영원히 함께 살 것이며 불의한자들은 지옥에서 하나님과 분리될 것이다. 우리는 굶주림, 목마름, 눈물이 없는 새 하늘과 새 땅, 곧 새 예루살렘을 기대한다. 거기에서 사람들은 "보좌에 앉으신 분과 어린 양께서는 찬양과 존귀와 영광과 권능을 영원무궁 하도록 받으십시오........ 아멘." 하며 새로운 노래로 하나님을 찬양할 것이다. 계5:13~14

요약: 사도신경

어떤 그리스도인들은 이러한 기본적인 신념들을 기억하기 위해 규칙적으로 신경creed들을 암송한다. 이들과는 대조적으로 메노나이트들은 그들의 신앙을 표현할 때, 신중하게 작성한 신학적 문서나, 예배에 공식적으로 사용하는 신조를 갖고 있지 않다. 그럼에도 불구하고 다른 그리스도인들이 믿음에 대해 질문할 때, 16세기 아나뱁티스트들은 자주 사도신경을 언급하였다. 사도신경은 기독교 역사 초기에 형성된 신앙고백서로서 그들의 믿음에 대해 중요한 내용을 잘 요약한 것이기 때문이다.

비록 메노나이트들의 귀에 사도신경이 동정녀 탄생부터 본디오 빌라도에게 고난을 받으셨던 복음서의 중요한 부분을 담고 있지만 그리스도의 가르침과 생애에 대해 놀라울 정도로 침묵하고 있음을 지적한다. 메노나이트들은 신앙을 고백하기 위해 사용된 하나의 중요한 방식신경.creed으로 인정한다.

> 전능하사 천지를 만드신
> 하나님 아버지를 내가 믿사오며,
> 그 외아들 우리 주 예수 그리스도를 믿사오니,
> 이는 성령으로 잉태하사
> 동정녀 마리아에게 나시고,
> 본디오 빌라도에게 고난을 받으사,
> 십자가에 못 박혀 죽으시고,
> 장사한지 사흘 만에 죽은 자 가운데서 다시 살아나시며,
> 하늘에 오르사,
> 전능하신 하나님 우편에 앉아 계시다가,
> 저리로서 산 자와 죽은 자를 심판하러 오시리라.
> 성령을 믿사오며,
> 거룩한 공회와,
> 성도가 서로 교통하는 것과,
> 죄를 사하여 주시는 것과,
> 몸이 다시 사는 것과,

영원히 사는 것을 믿사옵나이다.

그러므로 사도신경은 말 그대로 요약집이다! 거의 모든 기독교 신학 전통의 중요한 주제들을 다룰 때 메노나이트들은 대부분의 다른 그리스도인들과 핵심 신앙에 있어 맥락을 같이 한다. 이 책의 많은 부분에 있어서 메노나이트 들이 주장하는 독특한 신념들을 받아들일 수도 있고 그렇지 않을 수도 있다. 그러나 메노나이트들이 사이비 교도들은 아닌지 – 어떤 사람들은 몰몬교와 메노나이트를 혼동하거나, 메노나이트들이 하나님을 믿는지 의심하기도 함 – 염려하는 독자들은 메노나이트들은 초기 교회의 가르침에 깊이 뿌리박고 있음을 꼭 알고 있어야 한다. 우리는 여러 그리스도 교회들과 마찬가지로 동일한 성경을 유산으로 물려받았고, 동일한 하나님께 예배하며, 동일한 성령의 감동을 받고, 동일한 그리스도께 신실하게 헌신하는 그리스도인들이다.

2. 기초들: 메노나이트들은 어떻게 믿는가?

> 삶 속에서 그를 따르지 않고
> 그리스도를 진실로 알 수 있는 사람은 없다.
> **한스 뎅크**

신학에 대한 메노나이트 접근방식

나는 내가 어렸을 적 우리 교회가 노아의 방주라는 영화를 상영하려고 프로젝터를 빌렸던 어느 일요일 저녁의 일을 아직도 생생하게 기억한다. 저녁 예배를 준비한 사람들은 이 영화의 주제가 우리 마을에 교회를 다니지 않는 사람들의 관심을 끌 것이라는 기대감과 함께 이 행사를 많은 사람들에게 알렸다. 일단 교회 안에 들어서자, 회심하지 않은 사람들은 노아의 성경이야기와 홍수가 정확히 언제 일어났는지에 대한 고고학적인 증거를 반박하기 시작했다.

비록 내 기억에 이 영화의 상세한 내용이 또렷이 남아있지는 않지만, 나는 당시 이 영화가 끝나고 난 뒤 느꼈던 갈등에 대한 감정은 여전히 기억하고 있다. 성경의 이야기들이 경험적 사실로 방어가 가능하다는 말을 듣고서 나는 안도감을 가졌다. 그러나 이러한 것보다 나는 그날 저녁 우리 교회에 낯선 사람들이 모여 고고학적 사실을 주제로 어렵지만 진지한 자세로 진리에 대해 논의할 수 있었던 사실이 더 기뻤다. 그러나 동시에 나는 성경의 확실성에 대해 변호하기 위해 뻔한 논리로 과학을 반박하는 잘못된 모습에 대해 당황해 하던 사람들의 모습도 기억한다. 궁극적으로 성경의 진리와 기독교 신앙의 통일성이 이성이라는 잣대로 볼 때 유효하다면, 찬양, 간증, 기도, 그리고 믿음에 대한 언어 그 자체가 이상한 종교의식으로 표현될 필요가 없다.

정도에 따라 다르지만, 전통적으로 메노나이트들은 전통적으로 기독교 신앙을 교리나 공식적인 문서로 담아서 설명하는 방식을 기본적으로 편하게 여기지 않는다. 교리를 설명해 놓은 성명서는 필요하지만, 기독교 신앙의 본질을 설명하는 방식으로는 늘 부족하다고 본다. 한편, 교리는 신념의 기본적인 내용들을 명확하게 하고, 독특한 정체성을 형성하는 데 도움을 주고 때로는 필수적이기까지 하다. 성경은 그 자체로 설명이 안 되고, 상황은 지속적으로 변하기 때문에, 사도신경과 같은 신앙고백 문서들은 끊임없이 변하는 환경이라는 차원에서 볼 때 교회가 어딘가에 닻을 내리도록 큰 도움을 준다.

한편, 메노나이트들은 신중하게 정리된 언어의 논리와 고도로 구체화되어 표현된 교리에 의해 자신들의 신념과 믿음의 본질이 희석

되고 있지는 않은지 늘 경계한다. 그렇다고 삼위일체의 개념과 씨름하기 위해 한 밤중에 모두 깨어있을 필요는 없다. 메노나이트들은 신앙을 설명하기 위해 잘 훈련된 신학자들의 구미에 맞게 전문화되고 기술적인 용어를 사용하는 모습에 익숙하지 않다. 더 나아가 우리 모두는 교회가 내세우는 공식적인 교리신앙의 원리를 신중하게 공식화하여 정리한 입장와 실제 교회 안에서 예배를 드리는 사람들의 실제 생각, 사상, 믿음, 경험, 이해와는 엄청난 간극이 있음을 잘 알고 있다. 이러한 것들은 대부분 그리스도인이 속해 있는 교단이 보이고 있는 실제 모습이다. 사실 우리 신앙의 실제는 깔끔하게 정리된 신학자들의 공식보다는 훨씬 더 어지럽고 복잡하다. 믿음의 추상적인 내용들을 적어 놓은 목록을 받아들이고 인정하는 것은 우리가 갖고 있는 질서의 감각 그리고 우리의 이해와 상관없는 신비와 위엄을 표현하기 위한 분명한 언어를 제공해준다. 그러나 그것으로 기독교 신앙의 본질을 모두 다 충분히 담아낼 수는 없다.

성육신이라는 기독교 교리를 통해 우리가 말하는 바에 대한 도움을 청해보자. 그리스도인들이 예수는 완전한 하나님누구든지 나를 본 자는 아버지를 본 자니라. 요14:9이라고 주장할 때, 이는 예수의 보편적인 권위와 초월적인 능력을 받아들인다는 의미다. 그리스도인들은 우리가 하나님에 대해 설명하는 모든 특징이 예수에게도 있다고 믿는다. 그러나 동시에 성육신은 예수 안에서 "말씀이 육신이 되었다"요1:14는 말씀을 떠오르게 한다. 하나님이 인간의 눈으로 볼 수 있고 손으로 만질 수 있는 실제 존재 즉 사람의 신체를 가진 구체적인 실체가 되었다는 의미이다. 궁극적으로 성육신의 교리는 기독교 전통에 신비로 남아있다. 이는 예수가 완전한 하나님인 동시에 완전한 인간이라는 걸 말해준다. 만약 당신이 이토록 간단하고 명확한 말의 한쪽 면만 받아들인다면, 예수의 본성에 대한 정수를 무너뜨리는 게 된다.

메노나이트들은 교리화된 신앙고백을 이와 비슷한 방식으로 생각한다. 한편 공식화된 신조들은 추상적인 개념들로 그리 생명력이 길지 못하다고 본다. 물론 이러한 신조들은 진리에 대한 이해를 담고 있는 우리의 신념들을 깊이 있게 표현해주기는 하지만, 어떤 의미에서 이러한 신조들이 삶 속에서 구체적으로 시행될 때까지는 한 페이지로 정리된 단어들의 나열로 끝나기도 한다. 교리적 신앙은 단지 그 내용이 삶으로 드러나고, 우리가 사는 시간과 공간이라는 실제 세계에서 구체화될 때에만 의미가 있다. 그러므로 메노나이트들이 믿음에 대한 문서를 작성할 때는 실제로 살아낸 믿음을 증거하는 내용만을 받아들이는 경향을 보인다. 우리가 이해한 신앙을 표현하기 위해 진리들을 나열한 것이 성명서이지만 이 성명서로 우리의 믿음을 표현해기에는 늘 충분하지 않다고 말한다. 이러한 주장을 통해 드러난 진리는 그 주장들이 실제로 신자들과 교회의 삶에 구체적으로 드러날 때, 즉 육화될 때에만 의미가 있다.

이러한 이해는 메노나이트 신학에 두 가지 독특한 방식으로 표현되어 있다. 이 두 가지는 서로 밀접한 연관을 갖고 있다.

1. 참된 신앙은 항상 매일의 삶에서 드러나야 한다. 메노나이트들

에게 있어서 하나님과 믿음의 정의로 최우선적으로 요구되는 것은 목적 그 자체가 아니다. 오히려 메노나이트들에게 하나님과 살아있는 관계를 묘사하는 방법은 궁극적으로 다른 사람들과 맺는 일상의 관계 속에서 확인될 수 있어야 한다. 예수께서 가르치셨듯이 가장 큰 계명은 하나님을 사랑하고 이웃을 사랑하는 것이다. 기독교 교리는 하나님 사랑과 다른 사람을 섬기는 데 얼마나 헌신되어있느냐에 초점을 맞추어야 한다. 이러한 계명의 실천을 대치할만한 것은 그 어디에도 없다.

16세기 이 운동이 생겨난 처음부터 아나뱁티스트들은 소위 말하는 대학에서 배운 학자들이 주도면밀한 솜씨로 만든 교리와 복잡한 논점을 이용하여 예수의 분명하면서도 단순한 가르침을 인위적으로 회피하는 모습에 깊은 회의를 갖고 있었다. 이는 신학적 토론과 살아있는 신앙을 혼동하였기에 생긴 현상이다. 법정 증언과 공식 토론을 살펴보면, 감언이설로 아나뱁티스트들을 회유하려는 신학자들의 격앙된 목소리를 반복적으로 들을 수 있다. 이들은 이미 고집스럽게 신앙을 실천하며 살아가는 아나뱁티스트들을 교리적 논쟁 장으로 끌어들이려하였지만, 아무런 성공을 거두지 못하였다.

아나뱁티스트 선조들처럼, 이 시대를 사는 메노나이트들은 그 어떤 교리나 추상적인 논쟁보다 그리스도인의 제자도라는 실천적인 삶을 강조하는 경향이 있다. 우리는 우리가 믿는 것이 무엇인가정설, orthodoxy에 대해서보다 어떻게 살아야하는가실천론orthopraxis하는 기준들에 대해 종종 더 분명한 입장을 가진다. 몇몇 저자들은 이러한 것을 실존주의 신앙existential faith이라고 규정하였다. 신앙이란 실제로 살아가는 모습에 의해서만 이해된다. 어떤 사람들은 이러한 접근 방식을 순례자의 신앙pilgrim faith이라고 규정하였다. 순례자의 신앙은 여정의 모든 단계를 아주 구체적으로 계획하고 조심스레 지도 위에 그려보는 것이라기보다는 일상 여행에 분명한 헌신을 보이는 모습에 더 가깝기 때문이다.

이러한 입장의 핵심에는 아나뱁티스트 신자였던 한스 뎅크가 간결하게 표현한 경구에 심오한 진리가 들어있다. "삶 속에서 그리스도를 따르지 않으면서 진실로 그리스도를 알 수 있는 사람은 없다." 그리스도를 아는 지식은 제자도의 삶과 결코 분리될 수 없다. 믿음은 매일의 삶 속에서 육화되면서 참 믿음이 되기 때문이다.

2. 참 믿음은 강요되지 않는다. 마찬가지로, 메노나이트들이 교리 성명서를 주저하는 이유는 비폭력에 뿌리를 둔 기독교 신앙에 대한 이해와 헌신을 반영하고 있기 때문이다. 확실히 말하자면 요즘 시대를 사는 대부분의 사람들은 신앙고백을 잠재적 무기로 생각하지 않는다. 그러나 16세기 아나뱁티스트의 고통스러운 경험을 통해서 볼 때, 메노나이트들은 신중하고 체계적인 설명을 통해 분명한 믿음을 요구하는 것이 이러한 믿음을 반대하거나 동의하지 않는 사람들은 지옥에 갈 것이라고 정죄하는 모습과 긴밀히 연결되어 있다는 사실을 잘 알고 있다. 혹은 심문하는 사람의 믿음이 아나뱁티스트들을 이단이라 정죄하고 처형하는 것을 정당화하는데 사용되었음을 잘 알고 있

다.

사람들은 그리스도인들이 역사 속에서 기독교 신앙의 본질을 다루는 하나님에 대한 우리의 언어들을 끊임없이 잘못 사용해왔음을 보아왔다. 이렇게 교리를 우상으로 바꾸는 고집스런 인간의 성향은 사람들로 하여금 자신들과 관점이 다른 소수자들을 향해 교리적 무기를 쉽게 휘두르도록 만들기도 하였다. 우상이란 인간의 창조물을 진리와 혼동하는 것을 말한다. 이처럼 자신들이 믿고 있는 기독교 신앙의 형식과 일치하지 않는 사람은 모두 잘못되었을 뿐만 아니라, 처단하고 죽여도 괜찮은 이단으로 정죄해버렸다.

이와는 반대로 메노나이트들은 원수를 사랑하라는 그리스도의 초청을 복음의 핵심으로 이해했다. 하나님께서 우리가 여전히 죄인이었을 때바울은 로마서 5:10에서 우리가 하나님과 원수 되었다고 말한다 우리를 사랑하셨던 것처럼, 그리스도인들 또한 동일한 사랑으로 다른 사람들을 사랑해야 한다. 우리는 이 아주 간단한 신념이 복음의 난제이자, 핵심이라고 믿고 있다. 자신의 손에 하나님의 권능을 거머쥐고 계신 그리스도는 자발적으로 이 권능을 포기하고 종이 되셨다. 뿐만 아니라, 우리가 잘 알고 있듯이 십자가 위에서 부끄러운 모습으로 고난당하시고 죽으셨다. 부활을 통해 이 사랑은 그 어떤 악과 죽음의 세력보다 더 놀라운 능력으로 승화되었다. 사실상 이러한 그리스도에 대한 믿음이 메노나이트들이 갖고 있는 모든 신학의 기초이다.

나중에 더 구체적으로 더 살펴보겠지만, 이것이 의미하는 바는 메노나이트들이 하나님의 사랑을 매일의 삶 속에서 살아내는 데 헌신한다는 말이다. 조금 애매하게 표현하자면, 복음을 선포하는 방법method까지 우리가 선포하는 비폭력적인 메시지의 본질과 일치해야만 한다. 이처럼 진정한 그리스도인의 증거는 영민한 주장과 수사학을 사용하여 듣는 사람을 제압하려거나 억누르는 모습으로 진행되어서는 안 된다. 오히려 그리스도인의 증거는 항상 초청하는 모습이어야 한다. 교리적 주장을 말로 잘 정리해 놓은 소책자나 "사영리"같은 전도용 책자에 증거의 기반을 두기보다는, 메노나이트들은 예수의 가르침 그 자체가 사람들에게 전달 될 수 있도록 노력한다. 혹은 그리스도 사랑의 능력을 증거하거나 자신들의 모범적 일상생활을 통해 부활의 실재가 삶 속에 드러나도록 증거 한다. 경우야 어떻든지, 초청은 변화된 삶으로의 초청이어야 하지, 어떤 감정적인 상태나, 지적인 주장이나 제안의 수준에 머물러 있어서는 안 된다.

인내심과 겸손함을 가지고 진리에 접근하려는 헌신은 메노나이트들이 어떻게 교회를 이루며 사는지 그 결과에 잘 반영되어 있다. 몇 몇 기독교 전통예를 들어 가톨릭이나 감독제로 운영되는 교회전통에 속한 교회는 교리를 명료하고 정확하게 말하기 위해 보다 분명한 권위체계와 수직적 구조를 갖고 있다. 교리와 관련된 논쟁이 발생할 때, 공식적 권위를 갖고 다른 사람들에게 신앙의 문제를 가르치는 수직적인 교회구조의 교인들은 질문을 심사숙고한 후 성경의 올바른 해석을 공식적 권위자들에게 넘겨버린다. 가톨릭 전통에 있어서 믿음과 교리에 관한 최종적인 해석의 권위는 교황에게 넘겨진다. 평신도들이 불평하거나 교회의 가르침을 경시하게 될 때조차, 성경을 해석하는 권위의 계통이 아주 분명하다.

　　메노나이트교회는 그렇지 않다. 일반적으로 메노나이트들은 감독의 위계질서를 따르거나 중앙집권적인 가르침이 아닌 지역교회 즉 회중 혹은 지역의 노회나 지방회가 성경을 해석하는 최적의 장소라고 여긴다. 좀 더 확실히 말하자면 메노나이트들은 신학대학원 교육을 받은 목회자의 목소리와 교회 내에서 성경을 가르치는 교사들의 목소리를 모두 존중한다. 그러나 일반적으로 메노나이트들의 성경 공부나 성경 해석은 특별한 교회에서 임명을 받은 사람들뿐만 아니라, 교회에 속한 모든 사람들이 감당해야할 일이다. 이러한 것은 서로 다른 관점에 대해 다양성의 문을 활짝 열어준다. 그러나 이러한 장점 외에도 이러한 접근 방식은 모든 멤버들의 독특한 목소리와 전체 공동체가 함께 지혜를 모으는 모습을 존중한다는 매우 분명한 장점이 있다. 메노나이트들이 드러내는 기독교 신앙에 대한 헌신은 수동적인 모습과는 거리가 멀다. 교회에 속한 모든 멤버들이 자발적으로 공부하고, 깊은 묵상을 하고, 분변하고, 행동하기 때문이다.

　　그러므로 메노나이트들은 일종의 긴장감을 갖고 산다. 기독교 전통에 속한 교리가 과연 그들이 갖고 있는 성경 해석에 부합하는지, 그리고 기독교 신앙의 본질적인 주제를 올바르게 다루고 있는지 살펴야 하기 때문이다. 하지만 이러한 교리들은 우리가 납득할 수 있는 범위를 넘어서는 신비로 묘사되기도 한다. 개인 혹은 그룹으로서 우리는 하나님의 방식들을 완벽하게 이해하기 힘듦을 겸손하게 인정할 필요도 있다. 동시에 여전히 그리스도의 몸 안에서 일치하기를 원하는 마음으로 공동의 신념과 실천사항이 무엇인지 끊임없이 추구해야 한다. 그렇게 할 때, 서로 다름에 대한 우리의 대화가 단지 자신을 방어하는 모습에 머물기 보다는 사랑과 건설적인 방향으로 나아갈 수 있을 것이다.

다양성 안의 일치

믿음에 대한 이러한 독특한 접근 방식은 메노나이트 전통밖에 있는 사람들의 눈에 약점으로 보일 수 있다. "결국, 문서에 적혀있는 내용이 없다면 당신이 믿는 것을 어떻게 알 수 있습니까?" 혹은 "누군가는 책임을 져야 하는 것 아닙니까?" "혹은 최종적으로 답변해 줄 사람은 있어야 하지 않겠습니까?"라는 염려와 논쟁이 끝없이 이어질지도 모른다.

이러한 염려에 대한 몇 가지 진리가 있다. 분명한 리더십의 위계질서나 교리에 대해 최종적인 문서가 없을 때, 메노나이트들은 최소한 서로 다른 사람들을 소그룹으로 구성하여 멋진 모자이크를 형성하도록 한다. 결국 독특한 옷을 입고 말과 마차를 타고 다니는 올드 오더 메노나이트들과 공정무역의 커피를 마시며 최근 여성목회자를 안수하는 도시의 메노나이트들 사이에 존재하는 공통점은 무엇일까? 보수적 메노나이트들이나, 위슬러 메노나이트들1960년대 분기되었으며 부흥운동과 주일학교에 관심을 둔 보수 메노나이트 그룹-역자 주이나, 비치 아미시들Beachy Amish – 1900년대에 분기되었으며 복음주의 부흥운동, 사회참여에 관심이 있으며 전화나 트랙터 등을 받아들인 아미시 그룹-역자 주이 서로 큰 그림 속에서 만날 수 있는 장소는 어디일까?

이러한 작고 다양한 메노나이트 그룹들을 보면서, 사람들이 도대체 메노나이트 그룹이 얼마나 많은지, 그들은 어떤 사람들이며, 그들이 믿는 것이 무엇인지 혼동하는 모습은 그리 놀랄만한 일이 아니다. 왜 메노나이트들은 툭하면 싸우고 그렇게 쉽게 갈라서는가? 그들은 기관에 대해 도전적인가? 신학적으로 훌륭한 훈련을 더 많이 받는 것이 그들의 신앙을 보다 체계적이고 조직적이 되도록 도울 수 있는가?

그렇지는 않다. 메노나이트들이 수직적인 리더를 중심으로 교회 조직을 갖추는 일을 주저하는 이유는 우리가 기관을 만드는데 있어서 세련되지 않아서도 아니고, 우리의 신념이 불분명해서도 아니다.

오히려 메노나이트 교회는 모든 멤버가 책임감을 가지고 성경을 읽으며, 성령께 기도하며, 서로 대화함에 있어 열린 마음을 가지며, 일상생활에서 구체적이며 상세한 방식으로 하나님의 뜻을 분변하는 평범한 사람들로 구성되어 있다. 신학적 훈련이나 목회자가 되는 훈련과 상관없이 모든 멤버가 하나님의 말씀을 함께 읽는 임무를 감당하며, 교회에게 주어진 당면한 문제들을 분변하며, 묵상하고 분변한 내용을 일상에 적용하면서 산다. 성경의 해석은 생명력 있는 교회에 주어진 끊임없는 과제이다. 그러기에 교회에 속한 멤버들은 변화하는 상황과 문화 속에서 하나님의 뜻을 지속적으로 분변해야 한다.

미국 메노나이트 교회Mennonite Church USA - 미국에 있는 가장 큰 메노나이트 교단가 참고할 만한 내용을 담은 이 책은 메노나이트 회중들 내에 존재하는 보다 신실한 제자도에 대해 지속적으로 대화하도록 기본적인 틀을 제시한다. 그러나 좀 더 자세한 토론을 위해 모든 내용들을 다 요약할 생각은 없다.

재즈를 연주하는 음악가들은 자유로운 스타일의 음악을 연주할 수 있는 잠재적 창의성을 타고 난 것에 대해 감사한다. 재즈 합주 팀이 함께 모여 음악을 연주할 때, 각 멤버들은 연주할 음악의 조표와 기본 코드의 진행을 알고 있어야 한다. 만약 이들이 정말로 함께 연주를 잘 하려면 조표와 기본 코드의 진행은 둘 다 매우 중요하다. 그러나 이러한 기본적인 요소를 넘어 완성된 재즈를 연주하는 음악가는 연주해야 할 주어진 곡의 음표 하나하나를 모두 다 기록하기 원하지 않는다. 사실 이들이 정확하게 원하는 것은 기록된 음표가 아니라, 새로우면서도 듣는 이들을 깜짝 놀라게 할 만한 창의적이고 수준 높은 연주일 뿐이다. 그렇다고 재즈가 완전히 제멋대로이거나 음악적으로 무질서하지는 않다. 만약 재즈 합주 팀의 구성원 중 한사람이라도 갑자기 키key를 바꾸거나 완전히 다른 코드로 진행한다면, 음악의 아름다움은 사라지게 될 것이며 재즈합주는 거기서 끝장나고 말 것이다.

표면적으로 드러나는 다양성 속에서 메노나이트들은 어떻게 일치를 추구해왔는지 좀 더 구체적인 예를 통해 살펴보자. 매년 거의 50개에 달하는 미국과 캐나다의 공동체들이 다양한 메노나이트 관련 단체들과 협력하여 메노나이트 구제 시장Mennonite relief sale을 연다. 이 구제시장은 일종의 공동체 행사로서 지역의 큰 운동장이나 박람회장에서 개최된다. 마치 다채로운 민속 축제처럼 보인다. 멀고도 가까운 지역에서 수백, 때로는 수천 명의 사람들이 운집하여 각자 집이나 교회에서 만들어온 음식과, 그 지역의 음악과, 운동 경기들과, 전 세계에서 만들어온 수공예 제품들을 전시하고 판매한다. 비록 각각의 시장마다 독특한 매력을 갖고 있지만, 이 행사 중 가장 인기 있는 행사가 누비이불 경매quilt auction다. 이불경매는 지역교회나 개인이 직접 수공을 들여 만든 이불을 기증받아 전시해 놓고 하나하나 경매하는 방식으로 이루어진다. 이러한 판매방식을 통해 대략 매년 40억 이상의 기금을 모금하여, 전 세계에 가난으로 고통 받는 사람들을 위해 구호활동을 하는 메노나이트 중앙위원회로 보낸다. 어떤 차원에서 보면 이렇게 각 지역에서 펼쳐지는 구제 시장이야말로 메노나이트 교회가 교단으로서 모금하는 매우 효과적인 방식이기도 하다.

그러나 깊은 차원에서 볼 때, 이러한 모임은 메노나이트 신학의 본질과 실제 모습이 어떤지 바라볼 수 있도록 놀라운 통찰력을 제공해 준다. 많은 구제 시장은 기도와 감사의 예배를 드리면서 시작한다. 이 예배는 행사장에 참여한 메노나이트들 뿐만 아니라, 수많은 그리스도인들이 함께 목소리 높여 하나님을 찬양하면서 절정을 이룬다. 이러한 행사는 하나님의 크고 관대함을 공적으로 찬양하는 잔치로 우리가 지속해서 하나님의 사랑을 의지해야 함을 일깨워준다.

그러나 예배와 그 이후에 펼쳐지는 모든 활동들 또한 하나의 공동체가 모여 벌이는 잔치이다. 이 구제 시장은 완전히 자원봉사자들의 수고와 수백 명의 사람들의 협력과 헌신으로 진행된다. 특별히 물건과 음식을 사기 위해 늘어선 사람들 간에 이루어지는 생생한 대화들과 널찍한 경매장에 운집한 군중들이 서로 몸을 부딪혀가면서 장을 보는 모습은 단순히 멀리 떨어져 있는 개교회의 존재를 넘어서 모든 기독교 신자들이 서로 긴밀히 연결되어 거대한 몸을 이루고 있음을 상기시켜 준다.

구제 시장은 또한 누비이불, 각 나라음식, 단단한 목재로 이루어진 장난감 등 이미 이전에 있었던 세대들이 남겨준 전통과 기억의 선물에 대해 감사하고 기뻐하는 잔치의 자리이기도 하다. 구제 시장은 이전 시대로부터 전수받은 풍습과 기술들을 한 자리에 모아 과거와 미래의 세대를 연결해주는 역사적 만남의 장이기도 하다.

이 구제 시장은 전 세계 구호물자를 후원하는 명백한 목표 아래 조직되었기 때문에, 행사는 지역 메노나이트 그룹들의 믿음을 기독교의 봉사 정신에 부합되도록 분명하면서도 확실한 방식으로 연결시켜준다. "그리스도의 이름으로 냉수 한 잔을 대접하였다."는 마태복음 25장의 말씀이 메노나이트 중앙위원회의 모토이다. 마찬가지로 이 행사에서 모금된 돈은 메노나이트들이 자국의 국경을 넘어서 존재하는 가난하고 고통 받는 사람들을 위해 이웃사랑의 책임을 감당하라는 그리스도의 말씀을 따라 사용된다. 그리고 전 세계에서 만들어진 멋진 공예품들은 다른 사람들의 재능과 솜씨가 우리들에게 얼마나 큰 선물이 되고 있는지 생생하게 보여준다.

매년 각지에서 열리는 이 행사들은 그 자체로 메노나이트 신앙과 실천으로만 설명하기에는 충분하지 않다. 예를 들어 어떤 사람들은 이 행사는 메노나이트의 신앙과 실천을 보여주는 행사가 아니라, 가난하고 궁핍한 사람들을 돕기 위해 물건을 사고 음식을 사먹는 사람들의 행사가 아닌가 하고 논리적으로 질문한다 메노나이트들은 구원이 선한 행동에 의해 주어지는 것이 아니라는 사실을 잘 안다. 우리는 처음부터 끝까지 하나님의 자비와 은혜로 우리가 살고 있음을 인정한다. 더 나아가 우리가 갖고 있는 모든 것이 하나님께로부터 왔음을 인정한다. 그러나 정확하게 우리가 하나님의 사랑을 받은 수혜자이기 때문에, 메노나이트들은 기쁨으로 용서와 사랑이라는 하나님의 자비로운 선물에 대해 말할 뿐만 아니라, 구체적인 방식으로 이를 다른 사람들과 나누어야 한다고 믿고 있다.

　　이러한 모든 것은 처음에 대화를 나누었던 일본 친구를 다시 생각나게 한다. 한 사람의 메노나이트로서 이 친구가 던진 질문에 대한 답변은 이러한 것들을 기독교의 기본 신념에 포함시킬 필요가 있다는 것이다. 우리가 진리라고 붙들고 있는 교리에 관한 신앙고백은 이 세상에 대한 우리의 실제적인 간증이어야 한다. 동시에 나의 친구가 이러한 행동을 통해 드러난 하나님의 사랑을 직접 보고 경험하기 전까지는 진짜 기독교 신앙의 놀라운 능력을 온전히 이해하기는 사실상 불가능할 것이다. 그런 까닭에 그의 질문에 충실히 대답하기 위해서, 나는 새로운 친구를 살아있는 그리스도인들로 구성된 공동체 안에서 이루어지는 나의 삶과 그 삶의 현장에 초대할 필요가 있다. 메노나이트들에게 교회의 교리는 단지 특정한 행동을 통해 드러나는 믿음이라는 맥락에서만 의미가 있기 때문이다.

3. 성경 해석: 메노나이트 렌즈

당신은 하나님께서 은밀한 방식으로 모세와 예언자들을 통해
유대인들에게 말씀하셨다는 사실을 알아야만 한다.
그러나 그리스도께서 오심으로, 예수와 그의 사도들에게는
모든 것을 더 분명히 이해할 수 있게 되었다. 그리스도께서는
율법과 선지자들의 모든 말씀이 두 가지 강령에 다 요약되었다고
공식적으로 말씀하셨다. "네 마음을 다하고 목숨을 다하고 뜻을
다하여 주 너의 하나님을 사랑하라 하셨으니 이것이 크고 첫째
되는 계명이요 둘째는 그와 같으니 네 이웃을 네 몸과 같이
사랑하라 하셨으니 이 두 계명이 온 율법과 선지자의 강령이니라."

레오나르드 시머

태초에 말씀이 계시니라 이 말씀이 하나님과 함께 계셨으니 이 말
씀은 곧 하나님이시니라

요한복음 1:1

두 개의 나무 판 위에 가죽으로 표지를 만들어 제본한 아주 오래되
고 육중한 성경의 무게는 거의 7킬로나 되었다. 거의 오백년 전

에 출간된 이 성경의 표지 안에는 몇 세대에 걸쳐 받아 보관해 온 주인들의 이름이 연대순으로 적혀있다. 그들이 휘갈겨 쓴 서명과 함께 출생일, 세례일, 결혼일, 사망일 등은 그 책을 보관해 온 가족에게 그 성경이 얼마나 소중한 것인지 분명히 말해주고 있다. 비록 귀퉁이와 사람들이 엄지 검지로 책장을 넘긴 부분은 낡았지만, 여전히 종이의 상태는 최상이었다.

    1531년에 취리히의 크리스토퍼 프로샤우어 가족에 의해 출간된 이 성경은 동일한 번역본들과 함께 결국 아나뱁티스트와 연결되었다는 이유로 스위스 당국에 의해 사용금지령이 내려졌다. 그러나 프로샤우어 역본은 비밀리에 출간되었고 스위스와 남부 독일에 사는 메노나이트들 중에 폭 넓게 유포되어 지속적으로 사용되었다. 놀랍게도 이렇게 사용되던 성경들 중 몇 십 권이 그 위험한 유럽으로부터 대서양을 건너 북미로 전달되었고 이러한 성경들이 미국 동부에 사는 메노나이트 가정에서 여전히 발견되고 있다.

    물론 현재 그리스도인들은 성경을 가정의 소중한 자료로 간직하고 있고 서로 다른 번역본을 여러 권 소장하여 특별한 질문이 생겨날 때 답을 구하거나 위기의 순간에 도움을 얻기 위해 백과사전이나 전화번호부를 찾아보듯이 아주 쉽게 성경을 읽을 수 있다. 그러나 16세기 박해가 한창일 때 살았던 사람들에게 성경을 구해 읽는다는 것은 쉽지 않았다. 성경을 읽는다는 일은 자유로운 새 시대가 찾아올 때나 있을 법한 일이었다. 1516년부터 1550년 사이 유럽에는 대략 30종의 새로운 성경 번역본이 있었다. 그리고 수십 개의 서로 다른 판이 인쇄되었고, 열성적인 독자들은 새로운 성경이 출간되자마자 새 성경을 구입하였다.

이러한 성경을 입수할 수 있는 새로운 가능성은 기술과학에 있어서 일어난 몇 가지 혁명적 변화가 있었기에 가능하게 되었다. 15세기 중반 이후부터는 소장하고 다닐 만한 형태의 성경이 소개되었는데, 이는 성경을 인쇄하는데 있어 보다 효율적일 뿐만 아니라 비용도 상당히 절감되었다. 이는 상대적으로 저렴한 비용으로 수많은 책과 팸플릿을 찍어낼 인쇄기가 있었기 때문에 가능하였다. 인쇄와 관련된 새로운 직업군이 생겨나면서, 성경 출판과 판매가 엄청난 이득을 남기는 산업으로 등장하였다. 16세기 초, 종교 개혁가들에게 성경은 중세 로마 가톨릭교회를 철저히 조사하도록 하는 지렛대의 받침대로서, 권력의 근원이 되었다.

오직 성경으로 Sola Scriptura

1517년 10월 31일, 마틴 루터라 이름 하는 한 젊은 독일 수사가 비텐베르크 교회의 정문에 한 문서를 게시하면서 기존의 전통은 끝이 났다. 이 행동은 종교개혁이라고 알려진 역사의 새로운 시대를 여는 분수령이 되었다. 루터가 게시한 문서는 95개의 논제로 알려졌으며 이는 중세 가톨릭교회가 실행하는 특정한 예식들이 성경으로부터 그 근거를 정당하게 입증할 수 없다고 주장하였다. 그 이후 여러 해 동안, 교회에 대한 루터의 비판은 점점 더 급진적인 모습을 띄게 되었다. 결국 그는 모든 신학적 영적 문제의 최종적인 권위는 성경에 두어야 한다고 주장하였다. "Sola Scriptura"를 주창하며 루터는 성경만이 기독교 신앙과 그 실행예식의 마지막 권위가 된다고 주장하였다.

현대인들이 듣기에 성경이 그리스도인의 삶을 위한 기본이 되어야 한다는 생각은 너무나 명백하다. 그렇지만 16세기에 이러한 주장을 하는 것은 천년이 넘도록 성경해석을 독점해온 가톨릭교회의 권위를 통째로 뒤흔드는 일이었다. 중세 시대 가톨릭교회라고해서 처음부터 성경 공부를 반대하지는 않았다. 그러나 오랜 세월이 흐르면서 리더들은 성경이 많은 다른 방식으로 해석될 수 있다는 사실을 알게 되었다. 만약 겨우 문맹을 벗어난 소작농들과 제화공들을 포함한 모든 사람들이 스스로 성경을 읽고 해석하기 시작한다면, 아마도 대혼란이 일어날지도 모를 일이었다.

그러므로 이들은 성경을 매우 조심스럽고 신중하게 다루어야 한다고 주장했다. 그리스도인들에게 이것이 의미하는 바는, 히포의 어거스틴과 토마스 아퀴나스와 같은 교회의 교부들이나 스승들의 지혜를 모아 놓은 전통적인 렌즈를 통해서 성경을 적절히 이해해야 하며 시간이 흐르면 그 자체로 정리될 것이라고 주장했다. 이렇게 해서 의미가 명확하지 않은 난해 구절은 보다 더 넓은 신학적 맥락에서 해석을 해야 했다.

라틴어를 읽을 수 있고 전통에 대해 박식한 안수 받은 신부들만이 성경을 해석하도록 위임되었다. 교회의 폭넓은 관심에 대한 훈련과 헌신을 확실히 요구하였고, 그들이 전하는 설교는 가톨릭교회가 받아들인 지혜와 조화를 이루어야 했다. 만약 성경 해석과 교리에 대한 분쟁이 발생했다면 결국 최종적인 대답은 교황에 의해 주어져야 했다.

16세기에 루터와 다른 개혁가들은 성경에 대한 이러한 제한을 용납할 수 없었다. 성경을 해석할 이러한 권리의 독점은 미사를 통제하기 위한 가톨릭교회의 전략이었다. 전통이라는 권위에 고개를 숙인다는 의미는 모든 신학적 논쟁은 비록 토론이 이미 시작되었더라도 항상 교황이 좋아하는 모습이어야 했다.

그러므로 루터가 당시 라틴어 성경을 일반 독일어로 번역하고, 신학적 질문은 "오직 성경으로" 풀어야한다고 주장하였을 때, 이는 가톨릭교회의 권위에 정면으로 대항하는 것이었다. 더 이상 하나님의 말씀을 라틴어를 읽을 수 있는 사람에게만 제한할 수 없게 되었다. 그런 점에서 유럽의 거의 모든 사람들이 집에서 자신의 언어로 성경을 연구할 수 있게 만든 루터의 번역과 당시 혁명적으로 발달한 인쇄술에 깊은 감사를 표해야 할 것이다. 이러한 변화는 마치 갑작스럽게 알라딘의 마술램프가 열린 것 같은 상황이 되었다. 유럽 전역에서 평범한 사람들이 성경을 읽기 시작했고 배운 내용을 그들의 삶에 적용하기 시작했다. 사람들은 그동안 굶주려왔던 배를 채우기라도 하듯이 성경을 읽기 시작했고, 열정적으로 예수의 가르침과 제자들의 글들에서 새로운 통찰력을 구가하였고, 성경 이야기들에서 새로운 의미들을 찾아 나섰다.

성경 해석의 도전

종교개혁의 초창기에 루터는 하나님의 진리가 성경에 분명히 드러나 있으며 그러기에 성경을 해석할 필요가 없다고 믿었다. 신실한 그리스도인들에게 필요한 모든 것은 단지 성경을 읽고 하나님의 말씀이 잘 들려지도록 하면 된다고 여겼다. 1520년 그가 교황 레오 10세에 보낸 편지는 청천벽력 같았다. "나는 하나님의 말씀을 해석하기 위한 특정한 규칙이 없음을 인정합니다. 왜냐하면 하나님의 말씀을 가르칠 때, 자유로워야 하며 그 영역에 제한을 두지 않기 때문입니다."

이론상 이 원리는 틀리지 않다. 실제로 현재 초교파 교회들은 그 "어떤 해석의 법칙"을 두지 않고 자신들이 성경이 말하는 것만 믿는다고 주장한다. 그러나 불행하게도 종교 개혁가들이 이내 발견하게 된 것은 "오직 성경으로"라는 그 원칙이 실제로 적용하기보다는 말로만 주장하기 훨씬 쉽다는 사실을 알게 되었다. 어떤 사람에게 해석이 필요 없을 정도로 쉬운 성경구절이, 또 다른 사람들에게는 완전히 다른 모습으로 이해되기 때문이다.

수많은 독자들은 성경을 직접 만남으로써 거의 폭발적인 능력과 새로운 기운을 느끼고, 인생이 바뀌는 경험을 하게 되었다. 예를 들어 어떤 소작농들은 정치적 불평등, 경제적 불의가 발생하는 모습을 보며 좌절하였고, 해방과 정의에 대한 성경적 주제들을 발견하고 자신들의 상황에 정확하게 적용하기도 하였다. 비록 혁명이 필요하다 할지라도, 분명히 하나님께서 공평과 정의에 대한 그들의 요구를 축복해주실 것이라고 믿었다. 어떤 사람들은 다니엘서와 요한계시록과 같은 예언서에 매료되어 마지막 때가 가까이 왔다고 느끼며 열정적인 청중들에게 말씀을 선포하기 위해 여행을 떠나기도 했다. 또 어떤 사람들은 예수의 산상수훈의 말씀을 가슴에 새기고 폭력과 봉건 영주들에게 맹세하기를 거부하며 경제적이 나눔을 적극적으로 실천하기도 했다.

아나뱁티스트들은 라틴어와 가톨릭교회가 엄격하게 통제해 왔던 성경해석 방식의 포로에서 완전히 벗어나 자유롭게 성경을 읽어야 한다는 루터의 처음 주장에 동의했던 여러 그룹 중 하나였다. 종교개혁가들처럼, 아나뱁티스트들은 성경을 그리스도인들이 신실한 삶을 위해 따라야할 기본이 되는 가르침이자, 하나님의 말씀이라고 여겼다. 실제로 초기 아나뱁티스트들 중 어떤 사람들은 성경번역에 적극적으로 가담하여 크게 공헌하기도 했다. 또 어떤 사람들은 성경의 주요구절들을 엮어 성경 용어색인집을 만들어 출간하기도 했다. 이러한 성경용어색인은 약 200여 년 동안 재판을 찍기도 했다. 평신도 리더들이 성경의 많은 부분을 암송하였고, 아나뱁티스트 저술들이 성경 참고도서 역할을 하기도 했다. 수십 건의 법정 소송과 정식 논쟁에서 아나뱁티스트들은 성경의 권위에 순종하기로 약속하였다. 만약 기소자들이 성경을 근거로 한 자신들의 논점을 증명한다면, 아나뱁티스트들은 기꺼이 그들의 마음을 바꾸고 자신들의 잘못을 회개할 것이라고 반복하여 주장했다.

오직 성경으로? 종교 개혁가들의 후퇴

분명히 오직 성경으로라는 원리는 가톨릭교회를 상대로 싸웠던 루터에게 매우 유용하였다. 그러나 그는 사람들이 같은 원리를 사용하여 이상한 가르침을 주장하는 모습을 기대하지 않았다. 적어도 그의 관점에서 이단으로 보이는 주장은 하지 않으리라 생각했다. 그의 기대와는 달리 성경읽기가 제대로 정리되지 않은 결과들을 가져오자, 츠빙글리나 칼뱅과 같은 다른 종교 개혁가들과 루터는 성경의 의미는 자명하다고 하던 처음 주장과 확신으로부터 재빠르게 후퇴하였다. 그들은 성경을 해석하고 가르치는데 이전 보다 더 엄격하게 통제하는 방법들을 소개하기 시작했다. 성경은 사람들의 언어로 읽혀지고 강론해야 하지만, 교리, 주석, 신앙고백 등과 같은 책임 있는 여과기를 통해서 이해되어야 한다고 주장하기 시작했다. 더 나아가 성경으로부터 오는 실제적인 가르침은 적절한 신학교육을 받고 이러한 중요한 임무를 수행하기 위해서는 공식적으로 안수를 받은 목사나 지도자들에게 제한되어야만 한다고 주장하기 시작했다. 1520년대 중반에, 성경을 해석하는데 있어 아무런 규칙이 필요 없다고 주장했던 루터는 성경을 읽는데 있어서 분명한 범주 즉 이전에 자신이 개탄해마지 않았던 규칙과 너무나 비슷한 규칙을 개발함으로써 자기 자신의 길을 걸어갔다.

물론 이러한 긴장의 핵심에는 성경해석에 대한 도전이 놓여있었다. 얼마 안 되지만 매우 진지한 그리스도인들은 성경의 권위 자체에 대해 질문을 했다. 그러나 정확하게 성경은 우리가 하나님의 뜻을 이해하는데 있어서 너무나 중요하기 때문에, 그리스도인들은 종종 어떻게 성경을 올바로 해석할 것인가와 같은 좀 더 어려운 질문을 놓고 의견이 갈라지기도 한다. 예를 들어, 과연 누가 성경을 해석하기 위한 최고의 자격을 갖추고 있는가? 구약성경과 신약성경은 어떤 관계가 있는가? 지금 이 시대를 사는 신자들은 1세기에 지중해 연안에 흩어져있던 교회를 위해 쓴 바울의 편지를 어떻게 이해하고 읽어야 하는가? 그리스도인들은 서로 반대되는 성경말씀들을 어떻게 이해해야 하는가? 성경이 고집하는 의미들에 대해 혼선이 올 때, 최종적인 답을 내려줄 수 있는 사람은 누구인가? 성경과 교리와 실천 사이에는 어떠한 상관관계가 있는가?

시간이 지나면서 그리스도인 그룹들은 불가피하게 많은 다른 신학적 원리들을 이해하는데 지대한 영향을 끼치는 성경 해석의 원리 이른바 성경학자들이 말하는 성서해석학를 발전시켜야 했다. 실제로 성경해석의 원리들은 종종 특정 그룹의 신념과 확신에 상당히 큰 영향을 끼쳤다. 메노나이트들의 믿음에 대한 설문 조사에서 나타난 성경 해석에 대한 메노나이트의 신념이 어떤지 알아보는 것은 적절할 것이다.

성경에 대한 메노나이트 이해

1. 성경은 그리스도인의 생활에 중추적인 역할을 한다. 처음 시작부터, 메노나이트들은 성경을 기독교 신앙과 실천을 제대로 이해하는 기초로 여겨왔다. 다른 프로테스탄트 개혁가들처럼, 16세기 아나뱁티스트들은 오직 성경을 근거로 교회 갱신을 이끌어왔다. 아나뱁티스트들은 성경을 연구하기 위해 정기적으로 모임을 가졌다. 그들은 모든 신학

적 질문들은 성경에 근거해서 해결해야 한다고 주장했다. 그리고 그들은 종종 성경 말씀의 상당한 부분을 암기하였다. 성경의 언어와 이야기는 아나뱁티스트 찬송가에 그대로 우러나 있다. 그들이 기록으로 남긴 간증, 기도, 신앙고백은 풍부한 성경의 가르침과 이미지가 잘 반영되어 있다.

메노나이트들은 하나님의 말씀인 성경을 근간으로 분명한 확신을 갖고 믿음의 여정을 시작한다. 이 기준점은 모든 그리스도인의 삶에서 드러나야 한다. 마이클 잣틀러는 처형당하기 직전 "그 누구도 성경의 글자를 통해 놓인 그 기초로부터 당신을 제거하지 못하도록 하십시오. 왜냐하면 예수의 증인들과 그리스도의 피가 그 말씀을 보증하기 때문이지요."라는 말을 남겼다.

2. 성경해석의 공동체: 성경은 교회에 속해 있다. 메노나이트들은 다양한 방식으로 성경말씀의 해석이 가능함을 인정하면서, 회중이 모여서 공동체적으로 성경을 읽고 해석해야 한다고 믿었다. 이렇게 공동체가 모여서 성경을 해석할 때는 평신도나 안수 받은 리더나 차이가 없었다. 성경은 모든 기독교 신자들에게 적절하게 속해 있도록 해야 하며, 모든 사람들이 해석 가능하게 해야 한다. 비록 아나뱁티스트들 중에 순회 설교자들이 있기는 했지만, 초기 회중들을 위해서는 평신도 리더들이 성경공부를 인도하였다. 이들이 성경공부를 인도할 때는 주로 성경을 큰 소리로 읽고, 읽은 성경 말씀의 의미를 함께 묵상하도록 회원들을 초청하는 방식을 취했다. 이러한 모든 사람들이 성

경해석의 과정에 참여하도록 초청한 성경해석 방식은 그리스도인들의 삶을 위한 하나님의 열망은 신비적이지도 않고 감추어져 있지도 않다고 믿는 아나뱁티스트-메노나이트 신념을 잘 드러내준다. 성경을 올바로 이해하기 원하는 사람들은 결코 빈손으로 돌아가지 않았다. 적어도 그들은 성령님의 현존을 경험하고, 회중이 제공하는 공동의 지혜를 배우고, 그룹이 공동으로 분변한 내용을 어떻게 행해야 할지 준비할 수 있었다. 메노나이트들은 개인적인 말씀 묵상과, 설교를 위한 주해를 반대하지 않지만, 최고의 성경해석은 회중 전체가 참여하는 가운데 성경을 읽고, 묵상하고, 토론하고, 분변하는 나눔의 과정을 통해 가장 잘 이루어질 수 있다고 이해한다.

3. 신약은 구약을 해석한다: 그리스도 중심적 성경읽기. 실제적인 문제에 있어서 어떻게 성경을 해석해야 하는지에 대하여, 대부분의 메노나이트 그룹들은 내부적으로 성경이 충돌하고 긴장을 유발하는 내용들을 위해 일반 원칙을 발전시켰다. 예를 들어 메노나이트들은 일반적으로 성경을 있는 그대로 혹은 문자적으로 신뢰하는 경향이 있다. 보다 복잡한 성경본문을 읽는다 할지라도 그리스도의 명령이라는 급진적 측면이 무뎌지지 않도록 제자도로 옮겨가며 읽는다. 그들은 다니엘서라든가 요한계시록과 같은 예언서의 본문을 읽을 때 좀 더 조심하는 경향을 보인다. 그들은 이러한 성경 말씀의 숨겨진 의미들을 통찰력 있게 해석했다고 주장하는 카리스마를 가진 설교자들이 얼마나 쉽게 회중들을 잘못된 길로 인도할 가능성이 있는지 역사적 경

험으로부터 배워서 알고 있다.

그러나 아마도 가장 중요한 성경 해석의 원리는 구약과 신약 사이에 존재하는 기본적 특징일 것이다. 구약은 약속, 법, 전쟁이라는 주제들이 많이 담겨있고, 신약은 성취, 은혜, 자기를 내어주는 사랑이라는 주제로 병렬구조를 이룬다. 이러한 특징들을 규정함에 있어서 메노나이트들은 구약이 부적절한 내용을 담고 있다고 말하지 않는다. 그러나 예수 그리스도의 제자들은 서구 전통 속에 존재하는 달력을 통해 새로운 시작을 알리기 전과는 완전히 다른 역사의 부분으로서 새로운 언약에 참여해야 한다. 예수 자신은 "너희가 ……라는 말을 들었으나"라는 말을 통해 구약과 신약의 차이를 공개적으로 강조했다. 예수는 산상수훈을 통해 구약의 법을 언급하면서 청중들에게 반복적으로 가르쳤다. "나는 너희에게 이르노니 …."라면서 그를 따라오는 사람들에게 그의 새로운 나라의 특징인 새롭고, 높고, 표준이 되는 도덕적 행동기준을 제시하였다.마5:43~44

이와 같이 그리스도의 제자들은 모든 사회가 받아들일만한 법적 기준인 이웃 사랑은 물론 원수까지도 사랑하라는 부름을 받았다. 구약성경은 음행하지 말라고 분명히 말한다. 그러나 예수는 제자들에게 거기서 머무는 것이 아니라, 음란한 일은 생각조차 말고 모든 사람들을 존엄과 존중으로 대하라고 요구한다. 마찬가지로 재물에 대한 진실을 가르치신다. 의무로 뭔가를 나누는 대신눈에는 눈, 이에는 이, 제자들은 사람들의 기대를 넘어 넘치도록 기꺼이 주라고 가르치신다.

그리스도의 렌즈를 통해 성경읽기그리스도 중심적인 성경해석에 헌신한다는 것은 예수가 신자들의 삶에 있어서 최종적인 표준이자 기준임을 인정하는 행위이다. 이와 같이 구약과 신약 모두 성경은 예수 그리스도 안에서 하나님이 어떻게 드러나는지 일치하는 방식으로 해석해야한다.

이러한 신념 때문에 때때로 반대자들은 메노나이트들이 구약을 무시한다고 고소하였고, 고소를 당한 아나뱁티스트들은 이를 직면하고 최선을 다해 반박하였다. 구약은 그리스도인들에게 없어서는 안될 소중한 자료이다. 구약은 하나님의 구원이야기를 담고 있으며, 오실 메시야에 대한 표준이 무엇인지 담고 있다. 그러나 동시에 메노나이트들은 그리스도인들이 예수 안에서 세상을 향한 하나님의 뜻과 하나님의 본성에 대해 온전한 계시를 발견해야 한다고 믿는다.

그러므로 우리는 신약의 렌즈를 통해 구약을 읽어야 한다. 만약에 구약의 가르침이 신약의 가르침과 충돌한다면, 인류를 향한 하나님의 뜻이 보다 더 잘 드러나 있는 신약을 우선 해석해야 한다. 아나뱁티스트였던 한스 피스테르마이어는 "나는 그리스도를 향해 있는 지점에서 구약을 받아들인다."라고 주장했다. "그러나 그리스도는 보다 숭고하고 완벽한 가르침을 갖고 계시다. 그는 백성들에게 바리새인과 서기관들의 의를 능가하는 새로운 언약을 보여주셨다."

이러한 원리는 특별히 맹세, 유아세례, 폭력의 사용 등에 대한 아나뱁티스트들의 가르침에 의해 불꽃 튀는 논쟁이 일어날 때, 특별히 적절하다. 이러한 모든 경우에 있어서 아나뱁티스트들은 예수의 가르침을 모든 것의 시작점으로 삼았다. 반대로 그들의 적대자들은 종종 맹세, 유아세례, 검의 사용 등을 정당화하는 구약의 본문들을 강조하기 위해 예수의 가르침들을 사용하였다.

4. 생명의 책: 우리는 제자가 되기 위해 성경을 연구한다. 마찬가지로, 아나뱁티스트-메노나이트 전통은 성경의 가르침, 특히 예수의 가르침들은 실제로 따라야 하는 것들이라 믿는다. 아나뱁티스트들이 학문적 신학에 대해 의구심을 갖기도 했는데 그 이유는 아주 쉽고 간결한 성경 본문을 사변과 궤변을 통한 논쟁으로 발전시키기 때문이다. 성경은 하나님이 논쟁을 하라고 주신 것이 아니라, 따라 살라고 주신 것이다. 이것이 의미하는 바는 우리가 지적인 훈련을 위해 성경을 연구할 것이 아니라, 하나님의 뜻을 분변함에 있어 부족함 없도록 하기 위함이다. 이와 같이 성경해석을 위한 메노나이트 원리들은 신실한 복종과 밀접하게 연결되어 있다. 비록 예수의 가르침 중 어떤 것은 자연적 이성, 교회의 전통 혹은 정치적 이권과 정면 대치할 정도로 매우 급진적이긴 하지만, 성경, 특히 신약 성경에 기록된 예수의 가르침은 살아있는 말씀으로 그리스도인들이 매일 삶의 기준으로 받아들여야 한다.

아나뱁티스트들이 주장하는 것처럼, 성경에 있는 예수의 말씀들을 문자적으로 이해하고 받아들일 만한 것인지에 대한 논쟁은 아직 정리되지 않고 있다. 특히 이러한 내용은 제도화된 교회의 실행모습을 도전한다. 그것은 타락하고 위선적인 크리스텐덤의 제도화된 모습을 있는 그대로 반영하는 것이다. 이것은 사회를 재구성하는 청사진으로서 경제와 권력에 대한 급진적 이해의 문을 열어주었다.

5. 공식의 안전지대를 넘어서: 지속적인 과정으로서 성경해석. 메노나이트들이 예수의 가르침에 대한 문자적 순종을 강조함으로써 성경에 대한 매우 높은 관점을 갖고 있는 반면, 대부분의 사람들은 죽은 문서로서 성경을 축소하는 율법주의의 위험성을 알고 있다. 이처럼 메노나이트들과 그들 이전에 있었던 그들 이전에 있었던 아나뱁티스트들은 외면의 말씀설교, 세례 및 성경읽기 등의 외면적 실재과 내면의 말씀각 사람의 영혼에 역사하시는 성령의 활동을 구별하였다. 하나님의 뜻을 적절히 이해하기 위해서는 두 가지 다 필요하다. 하나님께서는 계시라는 내면의 말씀을 통해 말씀하실 뿐만 아니라, 성경에 기록되어 있는 외면의 말씀을 통해서도 말씀하신다. 그러나 한쪽 측면을 강조하게 되면 다른 쪽이 손상되기 쉽다.

외면의 말씀만 강조하는 것은 성경을 무기로 사용하게 되어 너무나 빠르게 율법적이 되거나 숨이 막혀버린다. 한편 은사주의적 능력을 가진 사람들은 인적인 비전들과 주관적인 예언자적 통찰력을 주장하는 경향을 보인다. 이러한 성경의 외적인 말씀과 성령의 내적인 운동을 모두 세심하게 살피는 것은 회중의 임무다.

성경에 따르면, 교회는 인간을 향한 하나님의 의지를 확실하게 보여주는 원천이다. 그러나 지금 "눈으로 보지만 희미하게 밖에 볼 수 없기 때문에"고전13:12, 우리는 하나님의 뜻을 올바로 분변하기 위한 성령님의 현존과 함께 공동체의 지속적 통찰력이 필요하다.

4. 성경 해석: 비판 및 지속적인 질문들

많은 현대 독자들에게 성경해석에 대한 메노나이트 원리들은 그다지 혁명적으로 보이지 않을 것이다. 그러나 16세기에, 가톨릭과 프로테스탄트 위정자들 모두에게 이러한 이해들과 윤리적 실천은 매우 불편했다. 이들이 나눈 논쟁과 법정기록을 살펴보면 최소한 세 가지 주요한 사안들이 반복적으로 나타난다. 비록 우리 시대의 그리스도인들은 이단이라는 말을 상대적으로 덜 사용하지만, 현대 메노나이트들이 다른 그리스도인들과 함께 에큐메니칼 대화를 하다보면 이러한 염려들은 다시금 수면위로 떠오르곤 한다.

1. 성경을 읽는 공동체적 접근방법은 무정부상태를 초래한다. 프로테스탄트 개혁가들이 '오직 성경으로'라고 주창한 원리가 여러 다른 방향으로 인도되었다는 사실을 인정하기 시작하면서, 그들은 이

단이라고 간주하는 설교의 가르침으로부터 사람들을 보호하고자 안전장치를 마련하기 시작했다. 루터교회와 개혁교회 전통 모두 설교단을 소개하기 시작하였고 이러한 임무를 수행하기 위해 특정한 훈련을 받고 안수를 받은 성직자들에게만 성경을 가르치도록 권한을 제한했다. 중세시대의 종교와 정치의 혼합주의를 그대로 고수한 이 두 전통은 성경을 자유로이 해석하는 것이 사회를 불안하게 하므로 국가가 성경해석을 다시 억누르는 것에 강한 관심을 보였다. 예를 들어, 루터교인들 중에 영주로서 동시에 루터교의 가장 높은 직위인 감독 summus episcopus이 된 사람이 있었다. 개혁 신학자들은 교회의 공적 생활을 형성하는데 이 도시의 의회가 아주 중요한 역할을 할 수 있을 것이라고 생각했다.

대부분의 개혁가들은 교회의 평신도 회원들이 성경을 해석하는 일을 상당히 순진하고 위험한 처사로 여겼다. 한편으로 글을 읽지 못하고 훈련받지 못한 기술공과 소작농들이 성경의 복잡한 의미들을 해석하는데 평생 동안 성경의 언어들을 공부하는 일과 신학적 주제들을 깊이 묵상하는 일에 상당한 목소리를 낼 수 있도록 기여하였다. 그러나 개혁가들은 이렇게 성경의 언어와 교부시대로부터 전해오는 풍부한 신학적 전통에 무지한 평신도들 즉 일상적이며, 평범한 사람들이 성경에 대해 토론하도록 격려하는 것에서 무슨 좋은 것을 얻어낼 수 있을까? 질문하였고 이러한 접근방법은 성경해석의 무질서로 초청하는 것이라 여겼다. 가톨릭의 열심 당원이었던 토마스 모어의 말에 따르면, 이것은 그저 "모든 사람들에게 자유를 주어 지옥으로 가도록 계획하는 일"일 뿐이라고 일축했다.

성경을 모든 사람에게 공개하는 것은 사회적 · 정치적으로 어떤 결과를 초래할지 모른다는 염려가 표출되었다. 여기에서 당국은 모두 두려움을 느끼고 있었다. 16세기 다양한 상황에서, 아나뱁티스트들이 가졌던 소그룹 모임은 극단주의적 해석에 몰두하였다. 예를 들어 네덜란드에 있던 한 그룹은 광장에서 어린이들의 장난감을 갖고 놀았는데 이는 하나님의 나라에 들어가려면 "어린 아이처럼 되어야 한다."는 그리스도의 가르침을 문자적으로 연출한 것이었다. 보다 더 심각한 사건이 북부 독일에 위치한 뮨스터라는 도시에서 일어났다. 뮨스터에 있던 한 아나뱁티스트 그룹이 그리스도의 재림을 준비해야 한다고 외치면서 자칭 예언자라는 사람들의 종말론적 가르침을 따라 모이게 되었다. 군대가 결국 그들의 왕국을 끝장내기까지 몇 백 명의 사람들이 아나뱁티스트 정신에 고취되어 공포의 통치를 받으며 목숨을 잃어야 했다.

사적 계시의 위험성을 뼈저리게 경험한 메노나이트들은 이러한 기괴한 행동과 경험들을 통해 현실에 대해 냉철하게 생각하기 시작했다. 어리석은 성경해석과 종말론적 접근 방식에 대한 해결방안은 이런 저런 다양한 가르침들에 대해 회중이 모여 끊임없이 공동의 지혜를 시험하는 성경해석 방법 즉 공동체 중심적 성경해석이었다. 성경해석의 권한을 다시 정치적 권력자들이나 신학 교육을 받은 소수의 엘리트들에게 넘겨주는 것은 성경을 다시금 기관의 관심과 이익의 포로로 만드는 일이었다.

2. 그리스도를 따르는 메노나이트 강조점이 율법주의가 되다. 예수의 가르침에 대한 메노나이트 진지한 접근방식이 칭송을 받는 동안, 이에 대해 좀 더 밀착하여 파악해야할 것은 최소한 많은 프로테스탄트 신학자들이 윤리적 선입견을 갖고 이들의 실천을 영적으로 유치하고 위험한 행위로 보았다는 사실이다. 메노나이트들이든 그리스도인이든 그 어떤 사람들이든 문자적으로 산상수훈에 나타난 그리스도의 가르침을 따라 사는 것이 불가능다고 생각하는 윤리적 선입견은 어떤 면에서 순진하다. "달라는 것을 다 주는"마5:42 가장 이기심이 없는 그리스도인들조차도 그렇다. 종종 자신의 매일 해야 할 일을 미리 계획하면서 "내일 일을 걱정하지 않는"마6:34 신실한 그리스도인들조차도 그렇다. 정말로 자신의 눈이 죄를 지을 때 눈을 "빼어버릴"마5:29 준비가 되어있는 그리스도인들은 몇 명되지 않는다.

다른 말로, 그리스도의 가르침들을 문자적으로 따라야 한다고 주장하는 그리스도인들조차 결국 성경의 본문을 문자적 적용으로부터 멀리 떠나 자신들만의 다른 원리를 적용한다. 결국 다른 그리스도인들처럼 메노나이트들은 그리스도의 가르침을 선택적으로 따른다.

그러나 윤리를 강조하는 메노나이트들에게 다가오는 진짜 문제는 은혜와 노력이라는 문제에 대한 보다 더 깊은 신학적 질문이다. 나중에 성경해석에 대한 내용과 더불어 이 질문을 더 자세하게 다루겠지만, 마틴 루터에게 은혜의 신학적 원리는 윤리적 행동과 관련하여 그리스도의 가르침을 이해해야 했던 것만은 분명했다. 산상수훈과 같은 가르침은 정경 전체에 흐르는 복종해야할 명령들법이라는 보다 더 큰 구조 속에서 보아야 한다. 십계명으로 시작된 법의 목적은 그리스도인들에게 하나님의 의로움을 알려주기 위함이었다. 이러한 법은 우리가 거룩한 하나님 앞에 서서 그분께 복종해야하는 존재라는 사실을 우리에게 상기시켜준다. 그러나 동시에 자신의 삶을 정직하게 점검하는 사람은 우리가 실제로 이 법의 기준에 부합되게 살기가 얼마나 어렵고 부족한지 인정해야만 한다.

이와 같이 예수께서 산상수훈에서 주장하신 완전한 기준처럼 보이는 법에는 매우 중요한 기능이 있다. 루터와 다른 프로테스탄트들에 따르면 그 기능이란 주로 우리가 그 기준에 따라 살 능력이 없음을 깨닫게 함으로써 우리를 절망으로 이끄는 것이라고 했다. 그리고 정확하게 그 절망의 순간에 우리가 하나님의 은혜로운 선물과 조우한다고 하였다. 그들의 말에 따르면 일반적으로 예수의 가르침에 있어서 그 어느 것도 교회와 인간관계의 청사진으로서 주어진 것은 없다. 대신에 성경의 초점은 십자가 위에서의 구원과 우리에게 은혜로 주어지는 선물인 그리스도의 구원하시는 사역에 있다.

이러한 논쟁을 마주할 때, 아나뱁티스트들은 일반적으로 그들이 말하는 "평범하고 단순한 예수의 가르침"으로 돌아간다. 아나뱁티스트는 "그렇지요. 우리 인간들은 궁극적으로 우리의 선한 행위에 의해서가 구원을 받는 것이 아니라, 하나님의 은혜로 말미암아 구원을 얻지요."라고 대답한다. 그러나 그들은 또한 성경 전체를 통해 이러한 하나님의 축복은 분명한 조건이 달려있다고 기록한 다양한 성경구절을 제시한다. 실제로 주기도에서조차 우리 죄를 용서하시는 하나님의 용서는 우리가 기꺼이 다른 사람을 용서할 때라는 분명한 조건을 달고 있다. "만약 우리에게 죄를 지은 사람을 용서하지 않으면, 하나님 아버지도 너희 죄를 용서하지 않을 것이다."마6:12,14~15

메노나이트들은 그리스도의 가르침을 규칙으로 적어놓은 책으로 보지 않는다. 그리고 우리가 마주하는 모든 윤리적 질문에 답하는 백과사전으로 여기지 않는다. 그러나 성경을 진지하게 대한다는 것은 비록 이것이 우리 주변의 문화적 비위에 거슬리는 일이 될지라도 성령님과 하나님의 은혜로 말미암은 능력을 의지하며 예수의 길을 따라 사는 것을 의미한다. 우리는 아주 작은 부분에까지 항상 동의할 수는 없지만, 이러한 것에 대해 논쟁하거나, 변명하지 않고 거룩한 부르심을 따라 살기 위해 항상 주의 깊게 생각하고 분변해야 한다.

3. 메노나이트들이 신약을 강조하는 것은 하나님의 성품에 대한 혼동으로 이끈다. 어떤 비평가들 특히 개혁교회 전통의 비평가들은 구약과 신약의 관계에 대한 메노나이트들의 이해에 대해 다른 질문들을 던졌다. 우리가 나중에 살펴보겠지만, 비폭력과 원수를 사랑하라는 그리스도의 가르침들은 메노나이트 신학의 핵심이다. 그렇다면 구약에 등장하는 의로운 폭력과 거룩한 전쟁의 많은 예들은 무엇인가? 반복해서 나타나는 기록에 따르면 하나님은 구약에서 전쟁을 관용하신 것이 아니라, 이스라엘 백성들에게 자신을 대신하여 싸우라고 하셨다. 종종 하나님은 실제로 원수들을 진멸할 때 충분히 폭력적이지 않아서 이스라엘 백성들을 처벌하시기도 했다. 이러한 하나님이 폭력

을 포기하라고 하신 신약의 하나님과 동일한 하나님인가? 그렇다면 메노나이트들은 이런 하나님 때문에 그 입장이 매우 곤란해진다. 만약 그들이 구약의 이러한 부분을 모두 무시하려 든다면, 그들은 구약시대와는 다르게 하나님의 본성이 신약에 와서 바뀌었다고 말하거나, 예수께서 하나님의 성품을 완전히 드러내지 않았다고 말해야 할 것이다. 이러한 선택은 모두 이단적인 설명이 되고 만다.

여기에서 메노나이트들은 일반적으로 고도의 신학적 논쟁을 펼치기 보다는 있는 그대로 반응한다. 그들은 그리스도 안에 드러난 하나님의 계시는 근본적으로 인간 역사에 드러나 있다는 점을 언급한다. 그리고 우리가 그리스도의 출생년도를 기준으로 인류 역사를 재조정한 그 순간을 매우 중요하게 생각한다. 예수는 인류를 향한 하나님의 성품과 하나님의 뜻을 가장 완전하고 충실하게 드러내고 있기 때문에, 그를 따르는 자들은 더 이상 자신들을 구약의 유대인모세의 법과 동일시하는으로 여기지 않고 그리스도인문자적으로 작은 그리스도으로 여긴다. 여기에서 의도하는 바는 구약을 무시하는 것이 아니라, 예수께서 그렇게 하셨듯이 비용이 얼마가 되었든지 모든 인간을 사랑하고 존엄하게 여기는 법의 "성취"가 의미하는 것이 무엇인지 묻고자 함이다. 우리는 우선 구약이 그리스도에 대해 증거하고 있다고 믿는다. 더 나아가 1532년 아나뱁티스트들이 개혁주의 신학자들을 상대로 말한 것처럼 "우리는 그리스도께서 구약을 멈추신 것이 아니라, 새로운 법에 부합되도록 하셨다고 고백한다. 우리는 구약의 내용이 믿음과 사랑과 선한 그리스도인의 삶을 위한 것이라면 올바르고 선한 것으로 여긴다.

　　메노나이트들은 하나님께서 폭력을 허가한 것으로 보이는 구약으로부터 신약에 이르기까지 나타나는 하나님의 본성이 명백하게 변화하였다고 주장하는 신학적 수수께끼가 구약의 예들을 인용하는 것만으로 단순하게 해결되지 않는다는 점을 언급한다. 신약성경에서 성육신한 하나님으로서 예수는 분명히 거룩한 전쟁을 거절하였다. 실제로 예수는 그를 따르는 제자들에게 원수를 사랑하라고 명령하셨다. 마5:44 그런 까닭에 하나님의 성품은 결코 변하지 않는다고 주장하는 사람들은 기독교 평화주의자들에게 문제가 되는 동일한 신학적 질문을 마주하게 되는 것이다. 이러한 명백한 딜레마에 대해 대부분의 메노나이트들은 하나님의 본성은 변하지 않는다고 설명한다. 그러나 하나님을 신뢰하고 서로를 신뢰하는 완전한 조화 안에서 살아가야 하는 우리를 향한 하나님의 뜻에 대한 인간의 이해가 변한 것이라고 설명한다. 항상 하나님의 성품의 부분으로 자리하는 이러한 하나님의 뜻은 예수의 삶, 가르침, 죽음, 부활 안에서 아주 명백하게 설명된다.

현재 메노나이트들에게 끊임없이 주어지는 질문들

　　1. 메노나이트들은 성경의 무오설을 믿는가? 우리가 읽는 디모데후서에 따르면 "모든 성경은 하나님의 감동으로 된 것으로, 교훈과 책망과 바르게 함과 의로 교육하기에 유익하다."딤후3:16 사도바울이 이 편지를 디모데에게 보냈을 때, 그가 언급한 성경은 분명 오늘날 그리스도인들이 구약이라고 부르는 히브리 성경이다. 그러나 그리스도인

들은 마치 신약성경을 적용하듯이 이 성경구절을 "하나님의 감동영적 고취"을 받아 "교육하기에 유익하다"고 확신 있게 주장한다.

메노나이트들은 이것이 확실하게 의미하는 것이 무엇인지 여전히 한 목소리를 내지 못하고 있다. 미국의 근본주의에 영향을 받은 몇몇 메노나이트들은 성경의 권위에 대해 성경은 무오하며, 절대적이며, 문자적으로 영감되었다고 주장한다. 이러한 관점에서 본 성경은 일체형이다. 성경의 어떤 한 구절에 대해 의심을 하는 것은 성경 전체에 대해 의심하는 것으로 여긴다.

그러나 대다수의 메노나이트들은 이러한 엄격한 태도로 성경을 바라보지 않는다. 이들은 성경을 귀납적으로 읽으며 주어진 성경구절을 문맥에 따라 이해하며, 성경의 배경을 이해한 후 현재 삶의 정황 속에서는 어떤 의미가 있는지 해석한다.

좀 더 일반적으로 말하자면, 메노나이트들은 인류 역사구원사에 드러난 하나님의 행동을 기록한 것으로 성경을 읽는다. 성경은 인간의 신분에 대해 분명하게 설명한다. 이것은 예수 그리스도 안에 드러난 하나님의 계시를 상세히 보여주는 책이며, 역사 속에서 하나님의 목적에 참여하도록 우리를 불러내어 함께 일하자는 초청장이다. 그러기에 성경은 이 세상에서 적극적으로 활동하고 계신 하나님의 현존에 대한 영적영감을 받은 기록이며, 그래서 "교훈과 책망과 바르게 함과 의로 교육하기에 유익한"것이다. 그렇다고 성경의 권위가 역사, 생물, 천문학 등 모든 상세한 부분에 있어 정확해야만 한다는 의미는 아니다. 성경은 우리가 하나님을 볼 수 있도록 안내하는 창문이다. 성경책 한 장 한 장마다 기록되어 있는 진리를 볼 수 있는 사람은 결코 실망하지 않을 것이다.

2. 공동의 성경해석이라는 발상은 좋아 보인다. 그러나 그것이 실제로 실행 가능한가? 많은 메노나이트 회중들의 실제 삶을 보면 그들이 말하는 이상과 정확하게 일치하지 않는다. 공동체적으로 성경을 읽고 해석한다는 것은 상당한 수고와 시간을 필요로 하는 쉽지 않은 과정이다. 매우 바쁘고 여러 모습으로 조각난 우리의 삶은 개인적으로 성경을 연구하거나 묵상하기에 어려울 뿐만 아니라 턱없이 부족하며 성경이 우리에게 무엇을 말하는지 인내심을 갖고 함께 이야기를 나누기는 더 어렵다. 게다가 대부분의 프로테스탄트 교회들처럼, 요즈음 메노나이트 교회들 또한 설교와 가르침에 있어 대학원 교육을 받은 목회자들에게 의존하는 경향을 보인다. 목회를 전업으로 하는 사람들이 메노나이트 교회에 큰 영향을 미치고 있다. 그리고 이러한 상황은 교회에서 성경 공부가 필요할 때, 신학교육을 받은 전문 교사들을 세워서 교육을 받는 방향으로 평신도들에게 간접적인 영향을 끼치고 있다. 그리고 이 시대의 문화로서 개인주의가 편만해 있어 개인적 감정과 경험들이 가장 중요한 가치기준으로 자리하고 있다. 결과적으로 공동체로서 회중의 목소리가 개인의 선택에 우선하여 권위로 작용한다고 생각하는 사람들은 소수에 불과하다.

그럼에도 불구하고 메노나이트 교회 내의 성경 해석의 공동체적 요소는 여전히 살아있다. 회중 중에 한 사람 혹은 두 사람이 "함께 말씀에 대한 책임을 지기 위해"공식적인 설교에 대해 정기적으로 평가해 왔던 전통을 따라, 메노나이트 회중들은 설교 후에 함께 나누는 시간을 갖는다. 설교에 대한 자신들의 관점을 나누도록 멤버들을 초청하고, 식탁이나 사적인 자리에서 하지 않도록 공식적인 나눔의 시간을 갖는다. 종종 이러한 일은 어떻게 그 설교가 자신의 상황에 적용 가능한지 묵상하는 식으로 이루어지기도 한다. 그러나 이렇게 예배와 말씀에 반응하는 것은 설교가가 최종적인 답을 내릴 필요가 없다는 사실을 상기시켜주는 기회가 되기도 한다.

좀 더 큰 시각에서 이야기할 만한 일은 가장 최근의 문서로 받아들여진 메노나이트 신앙고백서이다. 메노나이트 교회가 작성한 이 신앙고백서는 다양한 상황에 있는 개인들과 회중들에게 보내져 비판적인 견해들을 듣고 최종적으로 받아들이기 까지 거의 10년 동안 긴 시간이 걸렸다. 비록 최종 결과물이 100% 인정받지는 못했지만, 그 과정은 분명히 공동체적이었으며 합의에 의한 모습이었다. 이런 저런 점에 있어서 메노나이트 회중들은 공동체에서 선출된 대표자들의 동의를 얻기 위해 시간이 걸리지만, 다수결에 의해 직접 문제를 해결하기 보다는 일반적으로 합의에 의한 의사결정을 추구한다.

3. 서로 동의할 수 없는 상황에서 메노나이트들은 어떻게 하는가?

성경해석을 위한 논쟁을 벌일 때, 메노나이트들은 이렇다한 방책을 갖고 있지 않아 때때로 여러 교단으로 나눠지기도 했다. 과거를 회고해 볼 때, 어떤 주제들에 대하여는 큰 불화의 씨를 만들어 진정한 논쟁의 진가를 발현해내지 못했다. 19세기 후반에 몇몇 메노나이트 교회가 찬송가 사부합창의 문제로 나뉜 일을 예로 들 수 있다. 현재 찬송가 사부합창은 북미 메노나이트의 특징으로 사랑받고 있다. 역사적으로 논쟁이 되었던 주제들 중에는 예배에 사용하는 언어독일어와 영어에 대한 입장, 주일학교에 대한 입장, 부흥회에 대한 입장 등이 있었다. 주제가 무엇이든 간에 새로운 주제들에 대해 이해하기 위해서 지역회중의 차원에서는 물론 지방회나 교단 차원의 엄청난 대화를 필요로 하였다. 물론 새로운 이슈들에 대해 몇몇 교회들은 교단을 탈퇴하기도 했지만, 대부분의 교회는 토론의 시간을 가진 뒤 이러한 변화에 대해 적절한 적응 방법들을 발견하였다. 이러한 일은 20세기 중반 오랜 역사 속에서 많은 메노나이트 여성들이 머리에 썼던 수건을 더 이상 쓰지 않기로 결정할 때에 반복되었다. 그 후 이러한 현상은 회중에서 여성 리더의 역할과 이혼한 사람들을 멤버로 받아들일 것인지 말 것인지 논의할 때에도 반복되었다.

현재, 메노나이트 교회에서는 동성애에 대한 성경의 이해에 대해 적극 논쟁하기도 한다. 오랜 연구 기간과 더불어, 교단은 동성애와 동성애 결혼에 대해 전통적 입장을 바꾸지 않기로 결정하였다. 그러나 교회는 동성애적 성향을 가진 멤버들이 독신 그리스도인으로 살기 원하는 사람들과 지속적인 대화를 가지며 함께 하기로 헌신하였다. 이전의 성경의 해석과 논쟁을 따라 어떤 회중들은 메노나이트 교회를 떠나는 쪽을 선택하기도 한다. 그러나 대부분의 회중들은 교회의 가르침을 인정하고 교회가 모든 에너지를 소진할 것이 아니라, 다른 문제들을 위해 에너지를 사용하도록 새로이 방향을 설정하고 있다.

4. 메노나이트들은 어떤 번역본의 성경을 선호하는가? 오십년 전, 영어를 사용하는 대부분의 메노나이트들은 흠정역King James Version을 사용하였다. 비록 연세가 높으신 분들은 여전히 시편과 암송을 위해 운율이 그대로 살아있는 흠정역을 선호하지만, 이는 소수에 불과하다. 일반적으로 메노나이트들은 특정한 번역본에 권위를 부여하지 않는다.

현재 메노나이트들은 국제역NIV을 가장 많이 사용하는 경향이 있지만, 다양한 성경역본들을 다 사용한다. 점점 더 많은 사람들이 남녀평등의 언어로 번역되어 있는 개역성경 NRSV를 사용하고 있다. 메노나이트들은 원래 성경이 기록된 히브리어와 그리스어를 읽을 수 있는 학자들의 통찰력 있는 성경해석에 대해 감사를 표한다. 그러나 처음 기록된 원래 언어로 성경을 읽어야만 한다거나, 좀 더 권위를 부여해야 한다는 생각은 거의 갖고 있지 않다.

5. 진리에 대한 성경 외의 다른 근거에 대해 메노나이트들은 어떤 입장을 갖는가? 메노나이트들은 해결 곤란한 신학적 주제들에 대해 추상적인 태도를 갖기 보다는 성경을 매일 생활 속에서 적용하는 실제적 믿음을 유산으로 받았다. 그들은 성령의 인도하심을 위해 기도와 공동체의 지혜가 결합된 진지한 성경 연구가 그리스도인들을 하나님의 뜻에 따라 살도록 만든다는 믿음을 굳게 붙들고 있다. 메노나

이트들은 도덕의 권위로서 인간의 이성에 대해 적대감을 갖고 있지는 않지만, 그들은 윤리나 신학에 있어서 자연법이라든가 창조의 질서가 주장하는 것에 크게 의지하지는 않는다. 확실히 말하건대 바울은 로마서에서 "사람들의 마음에 적혀있는"롬2:15 법이나 모든 인간이 갖고 있는 공통점에 대해 말하였다. 그러나 바울은 또한 십자가에서 죽은 그리스도의 이야기가 "이방인들에게는 어리석은 일"고전1:23이라고 선언하였다. 예수는 우리를 생명의 길로 부르셨다. 이것은 최소한 표면적으로 이성에 대한 논쟁을 초월한 표현이다. "창조 질서"사물의 본질에 근거한 윤리적 논법은 종종 타락한 세상의 현상을 정당화하는데 사용된다. 그러나 여전히 예수는 자신이 "모든 것을 새롭게 한다."고 눅5:36~39, 계21:5선언한다. 그러므로 메노나이트들은 이성을 반대하거나 창조로부터 오는 통찰력을 반대하지 않는다. 그러나 우리는 존재하는 무엇에 대해 설명해야 할 것과 해야만 하는 것을 우리에게 주어진 그리스도의 부르심과 분명하게 구별해야 한다.

요약

이미 우리가 살펴본 것처럼 메노나이트들은 다른 기독교 전통과 같이 성경을 높이 평가하며 성경이 믿음과 실천의 문제에 있어 권위를 갖고 있는 진정한 하나님의 말씀이라고 믿는다. 그리스도인의 연합에 대한 보다 더 큰 도전은 성경을 해석하는 원리 그 자체라기보다는 성경의 권위를 제대로 인정하지 않으려드는 모습이다. 성경본문과 매일의 삶 그리고 신자들의 경험이 과연 어떻게 연결되어 있는가? 여기에서 메노나이트들은 다른 그리스도인들과는 다른 독특한 성경해석 방식을 따르는 경향이 있다.

우리는 그리스도 중심적으로 성경을 읽는다. 이는 그리스도인들의 삶을 위해 구약성경보다 신약성경에 더 권위를 부여한다는 말이며 어떤 어려운 질문을 마주하게 되면 재빨리 예수의 권위로 돌아간다는 의미이다. 메노나이트들이 믿는 성경은 성령의 인도하심을 따라 회중이 함께 읽고 해석해야 하는 것으로 이해되며, 문화의 현실을 변화시키며 서로 다른 관점에서 온 목소리도 기꺼이 열린 마음으로 듣는다. 무엇보다 성경은 생명을 살리는 생명의 책이며 삶을 위한 책이다. 성경 안에서 우리는 매일 하나님의 음성을 듣고 하나님의 뜻을 발견한다. 실제로 이 두 가지는 서로 분리되지 않는다. 믿음을 따라 살 때 우리는 하나님을 만나고, 하나님을 만남으로 기쁨과 생명의 삶을 살게 될 것이다.

5. 신자들의 세례: 왕을 선택함

1525년 1월 21일, 스위스의 중심도시였던 취리히 근처의 어느 집에 젊은 남자들이 비밀리에 모였다. 가톨릭교회에서 성장한 이 사람들은 이제 가톨릭교회의 신학과 예식들에 대해 날카로운 비판의 목소리로 종교개혁 운동에 관여하게 되었다. 몇 년 동안 그들은 그들의 멘토이자 그 도시의 가장 중요한 교회의 목사인 울리히 츠빙글리와 함께 지속적인 성경공부 및 토론 모임을 가졌다. 특별히 미사, 유아세례 및 십일조에 대한 의무 등을 비롯한 가톨릭교회가 말하는 성사가 성경의 기본적인 가르침과 다르다는 점에 대해 논의하였다. 그러나 많은 급진적 그룹들과 마찬가지로 그들은 그들의 개혁을 전략적으로 실천함에 있어서 마음을 하나로 모으지 못했다. 츠빙글리가 취리히시 당국과는 마음을 같이 하여 온건하고 점진적인 개혁을 주장하자, 그의 그룹 안에 있던 몇 명의 회원이 저항하였다. 그들은 만약 성경의 가르침이 분명하다면, 변화는 그 모습이 아무리 급진적이고 그 대상이 정치적·사회적 변화를 몰고 오는 것이라 할지라도 즉각적으로 이루어져야 한다고 판단했다. 그 결과 1525년 1월 21일 오후, 이 소그룹은 공식적으로 유아세례를 포기하고, 예수와 세례요한의 방식을 따라 성인 세례를 받기로 선언하였다. 이는 믿음의 새로운 여정을 시작함에 있어 서로 후원하고 그리스도를 따르는 일에 양심적으로 헌신하기로 한 의미 있는 선언이었다.

현대 그리스도인들에게 이러한 행위는 별 대수롭지 않게 보일 수 있다. 사람들이 세례에 대해 무엇을 믿는지 상관없이, 기도를 드리고 자신들의 머리에 관수세례를 주었던 사람들은 무엇이 그렇게 불편했을까? 어쨌든 이 날은 훗날 아나뱁티스트 운동이 시작된 날로 기록되었고, 그들의 이러한 행동은 현재 메노나이트 교회의 뿌리로 연결되는 엄청난 결과를 초래했다. 이러한 행동은 공식적인 관심을 얻었고 여러 사람들이 자신의 신념을 표현하기 시작함으로 빠르게 번져나갔다. 며칠이 지나지 않아, 취리히 시의회는 이러한 성인 세례에 참여하는 사람은 누구든지 잡아들여 감옥에 가두라고 명령했다. 1526년, 당국은 성인 세례를 시행하는 사람들에게 사형을 집행한다고 발표하였다. 그리고 1527년 1월에, 자신의 집에서 모임을 갖다가 체포된 펠릭스 만츠는 자신의 믿음 때문에 모진 고문을 받아야 했다. 펠릭스 만츠는 손과 발이 나무기둥에 묶인 채, 많은 사람들이 참여한 가운데 리마트 강의 찬물에 수장을 당함으로써 한 번의 "세례"를 더 받아야 했다.

새롭게 형성된 모임들에 대해 이러한 적대감으로 반응한 것은 단지 취리히 당국만이 아니었다. 아나뱁티스트 운동이 스위스, 남부 독일 및 라인강 하류지역으로 급속히 번져가자, 가톨릭 영주들과 개신교 개혁가들은 한 목소리로 아나뱁티스트들을 이단으로 정죄하였고, 이들에게 사형을 언도하였다. 마틴 루터는 "아나뱁티스트들은 마치 양의 옷을 입고 몰래 양우리에 숨어 들어온 늑대들이며, 거짓 예언자들이다"라고 단죄하였다. 필립 멜랑히톤이라는 사람은 "그들은 비열한 생각, 자기 의, 시기심, 사회를 비판하고 사회 질서를 위협하는 사람들로 사형에 처해야 마땅하다."라고 맞장구를 쳤다. 그리고 16세기 프랑스 개혁가이자 개혁교회를 처음 시작한 존 칼뱅은 "역병이자 사회적 폐해"라고 단죄하였다.

이번 장에서 우리는 메노나이트들의 세례에 대한 이해에 대해 초점을 맞출 것이다. 그렇지만 세례식 그 자체보다 실제로 세례가 상징하는 여러 가지 의미들에 대해 살펴볼 것이다. 많은 그리스도인들처럼, 메노나이트들에게 세례는 구원과 밀접한 관련을 갖고 있다. 그러나 메노나이트들이 구원을 말할 때 단순히 교회의 예식세례라는 예식 그 자체이라든가 어떤 사람이 예수를 마음으로 받아들인 정확한 날짜나 시간, 세례를 받기로 한 결정 그 자체에 대해서는 큰 의미를 두지 않는다. 오히려 구원의 여러 가지 중대한 요소들 즉 하나님과 맺는 영적인 관계, 믿음의 공동체에 전적으로 참여하겠다는 헌신, 매일의 삶 속에서 예수 그리스도의 가르침과 발자취를 기꺼이 따르려는 삶을 통해 평생 이루어 나가야 할 믿음의 여정에 더 많은 관심을 갖는다. 세례는 이러한 모든 것을 상징적으로 표현한다. 결혼을 위해 약속하는 것처럼, 이것은 기쁘기도 하지만, 그 서약 안에 들어있는 책임과 결과가 어떤지 충분히 인식하고 공적으로 헌신하겠다는 진지한 약속이다. 이와 같이 메노나이트들은 이러한 결정의 본래 의미를 이해하며, 믿음의 여정을 떠나기로 헌신하기에 충분한 나이에 이른 사람들에게만 세례를 주어야 한다고 믿고 있다.

기독교 전통 속의 세례

세례식의 요소들을 살펴보면 세례를 줄 때 필요한 물, 증인들의 참석, 간단한 말씀 등 아주 단순한 것처럼 보인다. 왜 그리스도인들이 세례식을 그렇게 중요하게 여기는지 세상에 속한 사람들의 입장에서는 쉽게 이해하기 힘들다. 그러나 세례에 필요한 것들은 몇 가지 안 되고 아주 단순함에도 불구하고 실제 모든 기독교 교파들은 세례를 기독교에 있어서 가장 주요한 행사이자 신학적 전통에서 빼놓을 수 없는 본질적인 예식으로 간주한다. 기독교에서 핵심적인 지위를 차지하는 예식은 몇 가지되지 않는다. 이러한 예식에 대해 그리스도인들 간에 논쟁이나 불일치의 모습이 일어나기도 한다. 그렇다면 세례식은 구원에 필수적인가? 세례를 언제 받는 것이 가장 적절한가? 세례를 받으려 하는 사람에게 물을 뿌려야 하는가 아니면 침수해야 하는가? 세례식의 행동 그 자체를 통해 구원이 이루어지는가 아니면 이미 받은 구원에 대한 단순한 상징인가?

기독교 세례의 뿌리는 이미 구약의 이야기와 이미지로부터 발

원한다. 물론 물은 청결, 죄 씻음, 새로움, 생명을 상징하는 중요한 요소이다. 우리는 구약에 자주 등장하는 물이 하나님의 치유를 드러내는 매개임을 잘 알고 있다. 동시에 홍수에 대한 이야기가 보여주듯이 물이 갖고 있는 파괴적인 능력에 대해서도 잘 알고 있다. 물은 사막에서 솟아오르는 샘물, 생명을 부여하는 우물, "정의를 흐르게 하는"강물 등 여러 가지로 표현되어 있다. 기독교 세례의 상징으로서 우리에게 직접적으로 다가오는 구약의 이야기는 출애굽사건으로 하나님께서 이스라엘 백성들이 바로의 추격을 피하기 위해 홍해를 건너도록 물을 둘로 갈랐던 장면을 떠올릴 수 있다. "물 사이로 지나가는"이 놀라운 행동은 성경 이야기에 있어서 매우 중요한 사건으로, 이스라엘 자손들이 새로 태어나는 순간으로 자리한다. 이제 그들은 더 이상 바로에게 압제를 당하는 노예들이 아니라, 율법에 의해 인도함을 받고 매일 다른 사람들과 함께 하나님을 의지하며 사는 새로운 공동체가 되었다.

　　이러한 출애굽 사건은 예수의 길을 준비한 세례자 요한에 대한 설명에 그대로 공명되어 있다. 요한의 불같은 설교는 사람들에게 회개를 촉구하였다. 즉시 마음의 변화를 받아 요단강의 물로 죄를 씻는 예식이 행해졌다. 복음서에 따르면, 예수는 요한으로부터 세례를 받은 후에 그의 공생애를 시작하셨다. 이 행동은 3년간의 새로운 치유와 가르침의 사역이 시작되었다는 의미로 하나님의 축복과 성령의 인치심을 통해 십자가에 못박히고, 죽고, 삼일 뒤에 다시 부활하는 모습으로 정점을 이룬다.

초기 그리스도인들은 세례를 구약과 예수의 생명으로부터 오는 풍부한 상징으로 이해했다. 출애굽과 함께 초기 교회의 세례는 죄에 예속되어 있는 옛 생명의 포기를 상징함과 동시에 하나님을 의지하는 신자들의 공동체, 하나님의 백성, 이스라엘 자손들이라는 새로운 정체성으로 옮아감을 상징하였다. 그러나 초기 그리스도인들은 세례를 죽음에서 다시 살아나신 그리스도의 부활과 새로운 삶을 다시 살게 하는 예식으로 이해하였다. 어떤 상황에서, 세례 후보자들은 십자가 위의 그리스도처럼 완전히 벌거벗고 나약해진 모습으로 옛 자아를 죽이는 과정으로 완전히 벌거벗고 물속을 걷기도 했다. 물에서 나오면서, 후보자들은 부활과 예수그리스도를 따르는 제자로서 그들의 새로운 정체성을 상징하는 흰 옷을 입게 된다. 그러나 이러한 것들이 드러내는 분명한 핵심 주제는 마음의 변화, 새로운 삶을 살아야 하는 예수의 제자들에게 요구되는 헌신, 신자들로 이루어진 새로운 공동체를 위한 멤버십이다.

이러한 핵심 주제들 외에 신약성경은 실제 초기 교회에서 실제로 시행한 세례식에 대한 구체적인 지침들을 제시한다. 예를 들어 어떤 전통들은 빌립의 에티오피아 내시에게 준 세례를 모델로 삼아 회심의 순간에 즉시 세례를 준다.행8:38 그러나 어떤 그룹들은 빌립보 감옥에서 일어났던 일을 근거로 간수와 그의 "모든 가족"들에게 세례를 주어도 된다고 하면서 유아들과 어린이들에게 세례를 베풀기도 한다.행16:33

가톨릭과 개신교의 세례에 대한 이해

만약 사도들이 어떻게 세례를 시행했는가에 대한 상세한 설명을 찾고 있다면 다소간 유동적이겠지만, 2,3세기 초기 그리스도인들이 성인들에게만 세례를 주었다는 것에 대해서는 아주 강력한 증거들이 있다. 세례식은 상당히 강도 높은 가르침과 훈련의 긴 기간을 보낸 후에 베풀어졌다. 다른 말로 표현하자면 초기 교회는 말과 행동에 있어서 헌신적으로 예수를 따르는 사람들에게만 세례를 베풀었다.

그러나 4세기에 와서 이러한 긴 가르침과 훈련의 기간은 급격히 변화하기 시작했다. 이러한 세례식의 변화에 핵심적인 역할을 한 것은 312년 로마의 콘스탄틴 황제의 회심으로 이는 기념비적인 사건으로 기록되어 있으며 이후로부터 기독교 교회의 본질이 급속히 변하게 되었다. 콘스탄틴 황제가 기독교로 회심한 동시대에 교회는 작고, 박해 받는 소수에서 정치권력의 핵심이 됨과 동시에 능력 있는 기관이 되었고, 이러한 변화에 따라 교회의 주교들이 로마 제국 군대의 보호를 받기도 하고 병력의 힘을 이용하여 이단을 처단하기 시작했다. 시간이 흘러가면서 믿음과 삶을 고백하였던 용기 있는 신자들의 소그룹은 교회 멤버십의 변화와 더불어 로마 제국의 국경 안에 살고 있는 모든 사람들을 포괄하는 기이한 문화와 싸우게 되었다. 콘스탄틴의 통치 기간 이후의 기독교 실행예식에 대한 변화는 이러한 식으로 뚜렷하게 공식화되지는 않았다. 그러나 앞으로 어떤 일이 벌어질지는 너무나 분명했다. 로마 정치 당국은 그리스도인들의 박해를 중단하였고, 기독교를 공식 국교로 채택하였다. 대신에 그리스도인들은 환대를 받는 대상이 되었고 믿음은 찢겨진 제국의 연합을 돕기 위해 종교-문화적으로 유착되었다.

　　　세례에 대한 이해 또한 불가피하게 변해갔다. 5세기경에는 로마 제국 안의 모든 사람이 법적으로 그리스도인이 되었다. 이런 까닭에 세례에 필수불가결한 회개개인의 행동에 일어났던 극적인 삶의 변화라든가 신자들의 공동체로서 갖게 된 새로운 정체성은 더 이상 존재하지 않게 되었다.

　　　거의 동시대에 유아세례의 시행에 대한 교회의 이해 및 변화를 조장하는 새로운 신학이 등장하였다. 예를 들어 훗날 기독교 사상에 지대한 영향을 끼친 히포의 어거스틴354~430은 인간이 출생 시부터 죄를 가지고 태어난다고 주장하였다. 아담과 이브의 타락 때문에, 죄는 인간이 선택하는 문제가 아니라 유전적인 실존으로 태어날 때부터 죄인이라고 주장하였다. 그러므로 어거스틴은 어린이들의 영혼 구원을 위해서는 유아세례가 필요하다고 주장하였다. 이 말은 거꾸로 해석할 때, 이러한 세례를 받지 않으면 지옥으로 떨어지게 된다는 말이기도 하다.

　　　세례에 대한 이러한 주장으로부터 가톨릭 신학 안에 세례를 성사Sacrament 즉 은혜에 의한 영적인 선물을 받아들이도록 시행한 의식으로 자리하게 되었다. 이와 같이 신부가 신생아에게 세례를 줄 때, 그 행위 자체가 문자적으로 구원을 베푸는 것으로 이해되었고, 그렇게 유아는 원죄의 얼룩과 지옥의 속박으로부터 구원을 받게 된다. 이러한 세례 의식을 통해 유아는 그리스도인이 된다. 부모들은 이러한 행위를 통해 아이의 영혼에 대한 구원을 보증 받음으로 안식을 취하고 아이는 교회 안으로 편입된다.

유아세례의 정치적·신학적 결과는 중세 사회를 구성하는 기초가 되었다. 교회와 국가의 경계선 구분이 불가능했던 기독교 문화 속에서, 세례는 아이를 교회의 구성원으로 인정하는 공식 통로로서 뿐만 아니라, 시민 사회의 구성원으로 지위를 인정하는 통로로 기능하였다. 세례 명부에 어린 아이의 이름이 기록되는 것은 이 아이가 결국 국가 세금 징수의 대상이 됨과 동시에 지역 영주에게 정치적인 충성을 바치겠다는 의미가 되었다.

종교개혁은 이러한 기본적인 사회의 관례를 거의 문제 삼지 않았다. 루터나 칼뱅주의 개혁가들은, 비록 그들이 조직 교회의 경계선을 각 개인적 국가와 동일하게 생각했음에도 불구하고, 모든 사회가 기독교적이라는 이러한 중세의 가정들을 그대로 공유하였다. 그들은 유아들이 태어나자마자 가능한 빨리 세례를 받아야 한다는데 동의했다. 대부분의 종교 개혁가들에게 이 점은 너무 분명해서 이를 문제시 하는 사람은 거의 없었다. 어거스틴으로부터 많은 것을 차용해 온 루터는 유아세례는 구원에 있어 우리가 전적으로 하나님의 은혜에 의지해야 한다는 사실을 강조하는 것이라 주장했다. 수동적이고, 도움이 필요하고, 완전히 의존적인 아이들에게 세례를 주는 것은 우리가 우리 스스로의 공적을 따라 구원을 얻는 것이 아니라, 하나님의 용서하시는 은혜의 선물에 의한 것임을 분명히 하는 것이라고 주장하였다.

스위스 개혁가인 울리히 츠빙글리는 유아세례를 행하기는 했으나 조금 다른 주장을 펼쳤다. 예수께서 "어린 아이와 같지 아니하면" 천국에 들어갈 수 없기 때문에, 믿음의 공동체에 어린아이들을 받아들이는 것이 매우 중요하다고 강조하였다. 그의 주장에 따르면 유아세례는 구약의 유대인들이 할례를 받은 것처럼 크리스천들은 유아세례를 받아야 한다고 주장하였다. 세례는 신자들의 몸으로 들어가는 표시이며 하나님의 방식으로 아이를 양육하겠다는 헌신의 표시이기도 하다.

비록 유아세례에 대한 신학적인 논쟁에는 다소간 차이는 있으나, 가톨릭과 프로테스탄트 모두 유아세례가 기독교의 기본 예식이 되어야 한다는 데 동의하였다. 유아세례가 없다면 어린아이의 영혼은 위험에 처해지고, 시민으로서 아이의 지위조차 불분명해지게 되었다. 아마 이러한 것보다 유아세례를 주지 않을 경우 유럽 사회가 세례를 받은 사람들과 세례를 받지 않은 사람들로 나뉘는 것이 더 힘든 문제가 되었을 것이다. 이러한 상황은 문화적으로 거의 상상할 수 없을 만큼 유럽사회는 완전히 기독교화되었다. 그래서 아나뱁티스트 리더들이 유아세례의 원리에 도전하기 시작하였을 때, 사람들은 혼동, 분노를 넘어 폭력적으로 반응하였다.

세례에 대한 아나뱁티스트-메노나이트들의 이해

신자들의 세례에 대한 성경적 근거. 메노나이트들이 유아세례를 반대하고 신자들의 세례를 주장하게 된 기본적인 논점은 종교개혁의 원리인 '오직 성경으로' 라는 기치에서 시작되었다. 신약 성경을 읽으면서 16세기 아나뱁티스트들은 그 어느 곳에서도 유아세례를 시행해야하는 근거를 성경에서 발견할 수 없었다. 때때로 아나뱁티스트들은 30세까지 세례를 받지 않으신 예수의 예를 인용한다. 그러나 보다 전형적으로 그들은 세례가 회개와 믿음과 서로 연결되어 있다고 보는 것이 명백한 예수의 가르침이라고 언급한다. 즉 믿음과 회개에 있어서 유아들이 할 수 있는 일은 분명 아무것도 없다. 제자들이 복음의 좋은 소식을 설교하는 예를 통해 예수는 "믿고 세례를 받는 사람은 구원을 얻을 것"이라고 약속하셨다. 여기에서 믿음이 먼저고 세례가 나중이라는 일련의 과정이 명백하게 제시되어 있다.

마찬가지로 예수의 사역 끝 부분에, 제자들에게 마지막 권고하시는 대사명이 나온다. 여기에서 예수는 "그러므로 너희는 가서 모든 민족을 제자로 삼아서, 아버지와 아들과 성령의 이름으로 세례를 주고 내가 너희에게 명령한 모든 것을 그들에게 가르쳐 지키게 하여라.마28:19~20고 말씀하셨다. 이 말씀에서도 기대되는 사건의 순서는 우연히 그렇게 말씀하신 것이 아니다. 예수는 그의 제자들에게 우선 "제자를 삼으라"고 하신 후, "세례를 주라"고 하셨다. 그리고 새로이 회심한 사람들에게 주님의 명령을 가르쳐 지키게 하라고 하셨다. 다른 말로 표현하자면 첫 번째 제자들이 그랬던 것처럼 사람들은 우선 부르심을 듣고, 이해하고, 이에 반응함으로써 예수를 따라야 한다.

아나뱁티스트 리더인 한스 후트는 다음과 같은 말을 남겼다. "그리스도께서 첫 번째로 말씀하신 것은 세상으로 가라, 그리고 모든 만물들에게 복음을 전파하라는 것이었다. 그리고 두 번째로 누구든지 믿는 자에게, 세 번째로 세례를 주라. 그러면 구원을 받을 것이다. 만약 진정한 기독교가 올바로 서려면 이 순서는 반드시 지켜야 한다." 이와 동일한 순서는 사도행전 2:14~41에 기록되어 있는 것처럼 사도적 교회의 첫 번째 세례에 관한 이야기에서 다시 일어난다. 이 이야기에서 베드로는 오순절 행사에 참여하기 위해 예루살렘에 모인 유대인 군중을 상대로 설교를 시작한다. 그의 복음에 대한 선포는 회개를 촉구하는 장면에서 절정을 이룬다. 이 이야기의 끝부분은 이렇게 정리된다. "그의 말씀을 받아들인 사람들은 세례를 받았다."

이와 같이 신약성경이 제시하는 모델은 세례가 복음의 좋은 소식을 듣고, 회개의 태도를 보이고, 자신이 하나님이 은혜와 용서의 선물을 받아들이는 자연스러운 순서를 따른다. 메노나이트들에게 이러한 가르침은 의식적인 결정으로 주저함 없이 예수를 따르기로 헌신한 사람, 그리고 그에게 충성을 다하기로 결정한 신자들에게만 세례를 주어야 한다는 의미다. 이러한 헌신은 우선순위를 급진적으로 재편성한다. 초기 그리스도인들과 아나뱁티스트들은 이러한 것을 똑같이 경험하였다. 결국 이러한 헌신은 박해를 낳았고 많은 사람들이 죽음을 당했다. 갓난아이는 믿음에 관련된 중요한 결정을 할 수 없다. 더 나아가 그 누구도 신자들을 대신해서 그러한 결정을 할 수도 없다.

세례의 의미: 삼겹줄. 메노나이트들은 세례의 행위 자체가 그 사람을 그리스도인답게 만들어준다는 말을 믿지 않는다. 세례의 당사자가 유아이든 성인이든 상관이 없다. 그러므로 그런 의미에서 세례는

본래 영적능력을 전달해주는 "성례"가 아니라 "상징" 혹은 "표지"이다.

우리가 이미 알고 있듯이, 상징은 여러 의미를 가진다. 예를 들어 깃발이라든지, 십자가 혹은 결혼반지와 같은 것은 우리 마음에 저마다 다른 인상을 심어준다. 이러한 물건들은 문화적 상징으로서 이를 보는 사람들에게 강력한 의미를 가져다준다. 마찬가지로 메노나이트 전통에 있어 세례는 진리와 관련된 여러 가지 의미를 드러내는 상징이다.

요한일서에 기록되어 있는 것처럼 아나뱁티스트들은 종종 세례를 삼겹줄에 비유하여 설명한다. 요한일서 5장에 따르면 하나님의 자녀들은 예수를 그리스도로 믿고 그의 명령을 따르는 사람들이다. 저자에 따르면 세 가지는 예수를 하나님의 아들로 증언하는 이들은 성령과 물과 피다. "증언하시는 이가 셋인데, 곧 성령과 물과 피입니다. 이 셋은 일치합니다."요일5:8 아나뱁티스트-메노나이트 전통에서 이 성령과 물과 피라는 세 가지 이미지들은 세례에 있어서 본질이자 진리로 그 의미와 능력에 있어서 서로에 대해 증언한다.

1. 가장 기본적인 수준에서 세례는 성령의 변화시키는 능력을 눈으로 보여주는 표지이다. 메노나이트들은 종종 세례를 "내적인 변화에 대한 외적인 표시"라고 언급한다. 세례는 어떤 사람이 죄에 대해 회개했고, 하나님의 용서를 받았고, 자신의 삶을 그리스도께 드리며, 그리스도 안에서 새 생명과 부활의 삶을 살아갈 준비가 되었음을 드러내

는 공적인 선언이다. 메노나이트들에게 세례는 구원의 선물을 축하하는 행위며, 하나님의 사랑, 용서, 은혜의 선물이다.

2. 동시에 사람의 마음에 일어나는 내적 성령의 변화는 그 자체로 모든 것을 설명하기에 충분하지 않다. 메노나이트들에게 물로 세례를 주는 행위 자체는 한 새로운 신자를 믿음의 공동체로 받아들이는 공식적 수단으로 항상 시행하였다. 회중이 모인 가운데 메노나이트 세례 후보자는 단순히 그리스도 안에서 자신의 믿음을 고백할 뿐 아니라, "공동체 안에서의 돌봄, 규율, 교제"안에 자신을 두겠다는 약속을 해야 한다. 그들은 회중의 권고를 받아드리고, 권고하며, 서로 도우며, 교회가 시행하는 선교를 위해 섬김을 약속한다. 아나뱁티스트-메노나이트 전통에 있어서 믿음은 순전히 개인적이거나 주관적일 수 없다.

성육신의 교리에서 살펴본 것처럼, 물세례는 보이지 않는 성령을 구체적이고 손으로 만질 수 있도록 표현한 것이다. 초기 아나뱁티스트 리더였던 필그람 마펙에 따르면 이 세례는 물질세계 안에 살지만 영적인 실제에 닻을 내리는 의식으로 각 사람은 "공동의 증인"이 됨을 자청하는 것이다. 이와 같이 비록 메노나이트들이 세례를 상징으로 설명하지만, 그것은 "순전한" 상징 혹은 "단순한" 물이 아닌 것이다. 실제 물세례의 공적 행위는 신자들이 공동체로 들어가 하나가 되는 행동이자 성령의 운동을 실제 눈으로 볼 수 있도록 표현한 것이다.

3. 마지막으로 아나뱁티스트 메노나이트 전통에서 성령 세례와 물 세례는 세 번째 세례인 피의 세례와 밀접하게 연관되어 있다. 문자적으로 16세기 아나뱁티스트들은 생명 안에서 그리스도를 따른다는 것은 그리스도의 죽음까지도 본받고 따라야 하는 것으로 알았으며, 새 신자들이 기억해야할 세례로 피의 세례를 언급하였다. 예수께서는 사역 내내 자신의 모든 여정이 결국 예루살렘으로 가는 길과 더불어 고통으로 끝이 날 것이라고 말씀하셨다. 예루살렘으로 가는 길 내내, 그는 반복적으로 제자들에게 만약 제자들이 자신이 선포한 하나님의 새로운 나라에 들어가려면, 권력을 포기해야만 하고, 그들의 권위를 넘겨주어야 하고, 자신들의 관심사를 내려놓아야 한다고 경고하였다.

제자들은 예수께서 자신들에게 반복해서 말씀하시는 내용이 무엇인지 이해하지 못했다. 한번은 요한과 야고보가 서로 누가 예수의 오른 쪽에 앉을까에 대해 논쟁한 적이 있었다. 예수는 정말로 좌절감이 섞인 목소리로, "내가 마시는 잔을 너희가 마시고, 내가 받는 세례를 너희가 받을 수 있겠느냐?"막10:38라고 질문하셨다. 아나뱁티스트들에게 예수를 따르라는 부르심은 세례를 받을 때 언약을 세움으로써 아주 진지하게 다루어진다. 많은 사람들에게 세례는 문자 그대로 박해, 고문, 죽음의 가능성을 의미했기 때문이다.

비록 현재 북미의 메노나이트들이 피의 세례를 덜 강조하는 경향이 있지만, 지금도 여전히 콜롬비아, 콩고, 인도네시아, 베트남을 비롯한 지구 여러 곳에서 많은 사람들이 박해의 현실에 직면하여 있다. 16세기 아나뱁티스트가 경험했던 것처럼, 믿음에 대한 이들이 지불해야할 비용은 일상의 삶 속에서 예수 그리스도를 따르는 결정이 그냥 어느 날 갑자기 헌신하겠다는 다짐이 아님을 상기시켜준다. 직접적인 박해는 없지만, 북미의 메노나이트들은 피의 세례를 매일의 삶 속에서 예수를 따르고 자기를 부인할 때 경험하는 그리스도인들의 고통스러운 싸움으로 설명한다.

상황이 어떠하든, 메노나이트들에게 세례는 단순히 심령의 변화라는 내면의 변화와 믿음의 공동체의 회원이 되는 것뿐만 아니라, 확실하고 구체적인 방법으로 기꺼이 자신의 믿음을 따라 사는 삶을 요구한다. 그리스도인의 제자도는 의미와 목적과 기쁨이 있는 삶이다. 그러나 이것은 또한 피할 수 없는 내면의 싸움과 고통을 수반하는 복종, 고백, 회개가 있는 삶이기도 하다. 그러므로 세례는 예수의 길, 곧 죽음을 통해 부활과 새 생명에 이르는 길을 따르고자 헌신하겠다는 공식적인 약속이다.

속죄Atonement에 대한 메노나이트의 이해

메노나이트들의 세례에 대한 독특한 이해는 '왜 예수께서 이 세상에 오셨는가?'라는 보다 더 큰 질문과 밀접한 관련이 있다. 그리스도인들이 구원에 대해 이야기할 때, 그들은 종종 예수를 중심에 놓고 설명한다. 그러므로 우리는 "예수를 개인적인 구세주이시자 우리의 주님으로 받아들인다."라고 고백하거나 "나는 예수의 피로 구원을 받았습니다."라고 고백한다. 찬송가 가사가 말해주는 것처럼 "그의 피로 우리의 죄가 씻겼다"고계7:14 노래하기도 한다. 기독교 환경에서 태어나

주일학교에서 거의 매주 이러한 표현을 들은 어린이들은 그리스도의 속죄를 자연스럽게 여긴다. 이러한 표현들은 어려서부터 교회에서 자란 십대들은 물론 내가 비행기에서 만난 일본 친구처럼 기독교 신앙과 친숙하지 않은 대부분의 사람들에게 아주 낯설게 들릴 것이다. 우리가 다른 사람들에게 "예수를 마음으로 받아들이세요."라고 말할 때 이것이 정확하게 의미하는 바는 무엇일까? 어떻게 예수의 피가 "우리에게 부어졌고 우리의 모든 죄가 말끔히 씻어지는 것일까?"

이러한 질문의 핵심은 그리스도인들이 말하는 소위 속죄atonement 자체는 at-one-ment로 풀이됨라는 신학적 개념과 밀접하게 연관되어 있다. 속죄는 타락하고 죄악된 인간들을 하나님과 친밀하고 신뢰하는 관계로 회복시키기 위한 방법을 말한다. 즉 하나님과 우리를 "하나가 되게"하는 방법을 지칭한다.

사도행전과 그 뒤에 나오는 여러 편지글들에 기록되어 있는 것처럼 그리스도인들은 교회의 시작부터 그리스도의 일과 사명을 설명할 적절한 언어를 찾고자 부단한 노력을 기울여왔다. 하나님의 본성을 완전히 이해하고 꿰뚫을 수 있는 사람은 없기 때문에, 하나님에 대한 우리의 언어는 불가피하게 비유나 은유적으로 표현될 수밖에 없다. 즉 그리스도인들은 항상 하나님을 무엇과 같다는 식으로 표현한다. 목자, 왕, 강한 바람 등의 표현방식이 그 좋은 예이다. 신약 교회와 그 후로 활동한 신학자들 또한 하나님께서 예수를 세상에 보내신 의도가 무엇인지 설명하기 위해 이러한 은유들을 사용하였다.

속죄를 설명하기 위해 신약성경이 가장 많이 사용한 은유는 히브리 전통 속에 있는 제사제도와 1세기 로마시대의 법정 이미지의 결합이다. 때때로 만족설이라고 불리는 속죄이론은 하나님의 영광과 정의를 만족시키기 위해 예수의 죽음이 필요했다고 설명한다.

인간은 모두 하나님의 법을 어기기 때문에, 우리는 단죄받고 처벌받아야 마땅하다. 의롭고 정의로우신 하나님은 우리가 저지른 잘못을 심판함으로써 우리와 하나 되고 싶어 하시고, 만족을 원하신다. 그러나 우리 인간들은 우리 죄를 스스로 씻을 수 없다. 그래서 예수가 우리를 대신해서 벌을 받겠다고 나섰고, 죄를 처벌해야 하는 하나님의 필요를 만족시킨다. 예수는 전혀 죄가 없으시기 때문에, 그의 무죄한 죽음으로 온 인류가 진 빚을 갚게 되었다는 설명이다.

신약성경 본문에 사용된 죄의 처벌과 만족의 법정 용어가 이스라엘의 제사제도에 반복되어 나타난다. 제사제도에서 흠이 없는 무죄한 양이 인간의 죄를 대신해서 희생되었다. 이와 마찬가지로, 하나님의 진노를 달래기 위해 예수가 인간의 죄를 대신하여 고통 받고 피를 흘림으로써 죽은 어린양이 되었다. 히브리 전통에서 피 흘림은 제사제도에 있어 매우 중요하다. 이러한 맥락에서 기독교 전통은 "어린 양의 피로 죄를 씻는다."는 언어를 채택하였다.

속죄를 이해하기 위해 많은 신학적 설명들이 시도되었다. 이러한 시도들은 하나님의 거룩하시고 흠이 없으신 모습을 간직하면서 우리가 갖고 있는 정의에 대한 개념과 부합해야 한다. 이러한 설명들은 구원이라는 성경의 주제를 은혜의 선물이라고 강조한다. 또한 신약성경에 나타난 그리스도의 고난과 죽음에 대한 본문들을 참고하여 설명한다. 다른 기독교 전통과 마찬가지로 메노나이트들은 일반적으로 속죄를 설명하는 이러한 언어를 그대로 받아들인다.

그러나 동시에 메노나이트들은 이러한 설명들만이 예수의 사명과 삶을 설명할 수 있는 유일한 방식은 아니라고 생각한다. 세례식처럼 속죄론 또한 한 가지 의미 이상으로 이해가 가능하므로, 예수 그리스도의 구속사역을 설명하는데 있어 속죄에 대한 이해 또한 법정만족설이나, 희생언어를 넘어서 이해해야 한다.

요한의 복음은 그리스도를 말씀 Logos으로 설명하였다. 이 말씀은 하나님과 인간을 연결하는 교량으로서 모든 사람들을 하나님의 가족으로 초청한다.요1:1~14. 골로새서는 이 땅 위에서 살다간 예수의 사명을 부활이라는 핵심적인 주제로 묘사하였다. 여기에서 바울은 예수를 모든 통치자들과 권력자들의 "무장을 해제"시키고 그들을 그리스도의 개선 행진에 포로로 세우셨다.골2:15 빌립보 교회에 보낸 편지는 예수를 하나님의 모습을 지녔지만, 하나님과 동등함을 당연하게 생각하지 않고 오히려 사람됨을 기꺼이 받아들인 새 아담으로 묘사하였다. 빌2:5~11 "자기를 비워"종의 역할을 감당한 그리스도의 모범에서, 우리는 "약함이 곧 강함"이 된다는 능력의 모순을 발견한다.고후12:9 이러한 모든 이미지들은 신약에 나오는 설명들로 십자가에서 피 흘리신 예수의 희생과 연관되어 있다.

이것은 메노나이트들에게 매우 중요한데 그 이유는 많은 그리스도인들이 그리스도의 고통과 죽음에 많은 관심을 기울이는 반면 사실상 3년간 가르치시고 치유하신 그리스도의 사역을 무시하는 경향이 있기 때문이다. 이것이 바로 메노나이트들이 사도신경에 항상 단서를 붙이는 이유이다. 실제로 사도신경은 그리스도의 삶에 대한 언급 없이 출생에서 곧 바로 죽음으로 건너뛰고 있다. 어떤 그리스도인들에게는 이러한 결과가 우리의 구원을 위해 흘리신 "그리스도의 보혈"을 너무 소극적으로 여기도록 만들고, 우리 삶 속에는 아무런 변화를 필요로 하지 않게 되었다고 말한다. 만약 이것이 우리가 가르치고 찬양하는 예수에 대한 전부라면, 그래서 만약 하나님의 진노를 달래기 위해 우리를 대신해서 죽음 당한 희생양으로서 예수가 전부인 것처럼 다룬다면, 우리는 기독교 신앙을 직접 체험할 필요 없이 그냥 하나님께서 하시는 일을 구경하기만 하면 될 것이다.

바로 이러한 이유 때문에 어떤 그리스도인들은 하나님의 형상이 일그러져 있고 예수의 십자가 사건을 하나님의 진노로 이해하고 강조한다. 어떤 사람들은 앙갚음을 하시고, 보복하시는 하나님이라 여기고 급기야는 하나님의 언어를 사용하면서 불신자들을 향한 그리스도인의 폭력을 정당화하기도 한다. 여기에서도 메노나이트들은 매우 신중하게 행동한다.

하나님에 대한 우리의 모든 언어는 제한되어 있다. 이러한 것을 인정한다는 것이 속죄에 대해 연약한 모습을 보인다는 것은 아니다. 오히려 진리를 증거함에 있어서 부드럽고 겸손한 모습을 지속하도록 촉구한다.

세례에 대한 메노나이트 이해 요약

지금까지 여러 방식으로 살펴보았던 것처럼 메노나이트 전통에 있어서 세례는 그리스도인으로서 걷는 시작만 의미하는 것도 아니고 끝만 의미하지도 않는다. 결혼식처럼, 세례식은 하나님과 다른 증인들 앞에서 공적으로 서약을 하기로 결정하기 훨씬 전에 존재하는 하나님과 공동체와의 관계를 되돌아보고 하나님과 공동체에 헌신을 다하겠다는 약속이다. 결혼식처럼, 세례식은 이 새로운 관계가 보다 구체적이며 모든 다른 관계에 우선하며 영원히 이어진다는 사실을 분명히 하면서 충성의 의지를 공표하는 것이다.

그러나 결혼식을 올렸다고 결혼생활이 저절로 이뤄지는 것이 아니듯, 세례식을 했다고 그 자체로 그리스도인 다 된 것처럼 여기거나 세례식의 원래 의미를 혼동해서는 안 된다. 결혼식은 앞으로 다가올 결혼생활에 결정적인 이해와 도움을 주지만, 실제적인 결혼 생활은 두 사람이 어떻게 함께 살아갈 것인가를 경험하고 배움으로써 이루어진다. 결혼은 관계 안에서 함께 성장하며, 가정을 꾸리며, 자녀들을 낳음으로 가족이 되며, 불가피한 변화와 원치 않는 도전에 직면하며, 매일 서로에 대한 사랑, 연민, 신뢰, 용서, 충성을 실천해 나간다는 것을 의미한다.

메노나이트들은 이러한 방식으로 세례를 이해한다. 세례식 자체는 일생일대의 중요한 공식 행사로 우리의 충성을 공표하며 우리의 삶을 변화시키시는 하나님의 사역을 축하하는 사건이다. 그러나 세례식은 그리스도인의 제자도를 실제로 경험하도록 증거할 때만 의미가 있다. 결혼식처럼 세례식은 관계의 정점이 아니라, 앞으로 평생 맺어질 하나님 및 동료 그리스도인들을 향해 의식적으로 헌신하겠다는 약속의 순간이다. 친교의 신비와 관계의 기쁨을 매일매일 새롭게 경험함으로써, 이 관계는 앞으로 주어질 고백, 회개, 놀라운 변화에 대한 적응, 점점 더 깊어지는 사랑으로 가득 차게 된다.

6. 신자들의 세례: 비판과 지속적인 질문들

신자들의 세례가 시행된 16세기 내내, 다시 세례를 받은 신자들은 교회와 시민 당국으로부터 강력한 반대급부에 부딪혔고, 결국 3,000명이 넘는 아나뱁티스트들이 공개처형을 당하게 되었다. 물론 현재 미국의 민주화 체제 내에서는 국가와 교회가 분리되어 있고, 종교의 자유를 보장하도록 초석이 놓여 있다. 그러나 16세기 많은 사람들에게 자유교회에 대한 신학적 정치적 함의는 상당한 논란거리였다. 믿음을 개인의 선택사항에 두었던 아나뱁티스트들은 단순히 유아의 영혼을 위험에 방치해둘 뿐만 아니라 기독교 사회와 정치적 질서의 근간을 흔드는 존재들로 보였다. 감사하게도 현재에는 그 누구도 신자들의 세례를 시행하는 일로 사형을 구형하지 않는다. 그러나 여전히 세례에 관련된 많은 질문들이 남아있다.

1. 세례를 받지 않은 유아들은 지옥에 가는가? 우리가 살펴본 바대로, 대부분 가톨릭과 개신교 신자들은 아담과 이브가 타락한 이후로 인간이 죄성sinful character을 갖고 태어난다고 믿는다. 그런 까닭에 의식적으로 죄를 깨닫기도 전에, 그들은 저주를 받은 운명적 존재가 되어버린다. "아담의 타락이 모든 인류를 죄짓게 만들었다."라는 주장은 중세의 산물이다. 확실히 어떤 전통들은 이러한 내용을 좀 더 의미 있게 이해시키기 위해 사산한 아이나 태어났지만 유아세례를 받기 전에 죽은 아이를 가진 부모들을 돌보는 목회적 관심사라는 맥락에서 설명하려 했다. 그러나 가톨릭이나 일부 개신교 교단이 시행하는 유아세례의 일반적인 원리는 원죄론과 인간의 전적 타락에 근거하여 시행된다. 이러한 상황에서 인간은 하나님과 교회를 의지할 수밖에 없다. 예전으로서 세례식은 어린 아이를 지옥의 저주에서 구원해주는 하나님의 축복을 베푸는 행위로 자리한다. 세례식은 어린 아이가 스스로 믿음에 대해 준비할 때까지 그 아이를 "대신하여" 신자들의 몸으로 통합시킨다.

메노나이트들은 인간의 본성에 대해 순진한 낙관주의자들은 아니지만, 유아들이 태어나는 순간부터 지옥에 가도록 저주 받은 존재로 여기지 않는다. 오히려 반대로 복음서가 기록하고 있듯이 어린이들은 순진하고 천진난만하다는 예수의 말씀을 끊임없이 제시한다. 예수님은 신뢰하고, 단순하고, 연약한 어린 아이들의 모습을 어른들이 본받고 행동해야 할 모델로 제시하시기까지 하셨다. 예수께서는 제자들에게 "내가 진정으로 너희에게 말한다. 너희가 돌이켜서 어린

이들과 같이 되지 않으면, 절대로 하늘나라에 들어가지 못할 것이다." 라고 말씀하셨다. 마태복음 18:3 그러므로 메노나이트들은 어린 아이들은 순진한 상태로 태어난다는 가정에서 시작한다. 그러나 어떤 지점에서부터 어린이들은 그들의 영적 순전성을 잃기 시작한다. 의식적인 선택을 하기 시작하면서 그들은 하나님께서 원하시는 바를 거스르기 시작한다. 메노나이트들은 "상호책임을 지는 나이"에 이르는 어떤 순간부터 모든 사람들은 그것이 하나님을 향해 나아가든 자기를 향해 나아가든 인생에 있어 자신의 기본 방향을 스스로 선택할 필요가 있다고 본다.

2. 자발적인 신앙에 근거한 세례는 모든 사람이 진정한 그리스도인이 아니라는 사실을 제시함으로써 기독교 사회를 분열시킨다. 가톨릭 교회에서 태어나고 자란 상당히 많은 사람들의 눈에 아나뱁티스트들의 자발적인 세례는 유아세례가 전혀 영적인 중요성을 갖지 않는다고 주장하는 것처럼 보인다. 이들은 신자들의 세례를 건방지고 주제넘은 행위로 여긴다. 그렇게 신자의 세례를 받은 사람들은 사회 구성원들 중에 얼마 되지 않으며, 진정한 교회에서 이탈하는 행위로 여겼다.

비록 이러한 염려는 이해할만하지만, 메노나이트의 관점에서 볼 때, 이러한 것은 부분적으로만 맞다. 확실하게 말하자면, 메노나이트들에게 그리스도인으로서 정체성은 출생증명서를 주듯이 줄 수 있는 것이 아니라고 주장한다. 기독교 가정에 아이가 태어났을 때 자동적으로 세례식을 행한다고 정체성이 자동적으로 형성되는 것이 아니라고 주장한다. 예수를 따르겠다는 결정은 실제적인 삶의 모습과 연결되어 있기 때문에, 모든 개인이 분명한 의식을 갖고 선택해야 한다. 그리고 일반적으로 교회는 국가나 사회 조직과 다르기 때문에, 메노나이트들은 기독교 영역에서 태어난 모든 사람이 자동적으로 그리스도인이 될 것이라고 생각하지 않는다.

동시에 메노나이트들은 다른 그리스도인들의 구원에 대해 심판하는 태도를 갖지 않는다. 만약 사람들이 그리스도인이 되었다고 주장하면, 메노나이트들은 비록 믿음에 대한 그들의 이해가 자신들이 믿고 있는 바와 다를 지라도, 그들이 천국에 갈 것인지 지옥에 갈 것인지 미래의 일과 관련되는 판결은 하나님께서 친히 그 역할을 감당하실 것이라고 믿는다. 비록 메노나이트들이 분변에 대해 진지하게 생각하지만, 최후의 심판에 대한 책임을 떠맡지는 않는다.

3. 인간의 선택과 구원의 연관관계에 있어서, 자발적인 세례는 하나님께서 값없이 주시는 은혜라는 실제 선물을 폄하한다. 특별히 현재 개신교 신자들에게 가장 문제가 되는 메노나이트 세례식의 모습은 아마도 구원의 본질 그 자체에 대한 신학적 이슈일 것이다. 루터와 주류 프로테스탄트 개혁가들은 인간들이 선한 행동을 통해 자신의 구원을 "얻을 수 있다"는 가능성을 단호히 거절하였다. 왜냐하면 인간은 그리스도의 희생적인 죽음과 하나님의 은혜로 말미암아 선택받은 사람들에게만 주어지는 것이기 때문이다. 그 어떤 인간의 태도나 행위가 하나님의 값없이 주시는 은혜의 선물을 대신할 수 없다. 이것은 거의

모든 프로테스탄트 신학이 주장하는 바이기도 하다. 인간은 자신의 구원을 위해 어떤 기여도 할 수 없다.

만약 당신이 기본적으로 선한 행위와 도덕적 행동의 목록을 갖고 구원을 주장하려 든다면 이 점은 분명하다. 대부분의 메노나이트들은 우리가 그러한 선한 행위와 도덕적 행동을 완벽히 잘 해낼 수 있고 그래야만 하는 고결한 존재는 결코 아니라는 점을 쉽게 인정한다. 실제로 우리가 고결한 행동이라고 여기는 것들이라 할지라도 사람들의 찬사를 통해 공적인 인정을 받으면서 퇴색되거나 타락으로 치닫는 경우도 적지 않다. 그러나 보다 더 깊은 문제는 실제로 이러한 것보다 더 애매하고 복잡하다. 우리가 가장 기본이라고 여기는 욕망들은 루터와 칼뱅의 신학에 있어서 완전히 오염되어 있는 존재로 표현된다. 우리가 알고 있는 의지도 완전히 타락해있다고 여긴다. 그래서 인간들은 하나님의 은혜를 수락해야 하는 선택조차 할 수 없게 되어있다. 그들은 사실 구원과 인간의 선택을 연결하는 것 자체가 구원에 있어 우리가 뭔가 기여할 수 있는 것처럼 우리를 잘못된 환상으로 인도한다고 여긴다. 이것이 바로 그들이 신자들의 세례에 문제가 있다고 보는 이유다. 메노나이트들은 그리스도의 은혜의 선물을 의식적인 결정을 통해 받아들여야 한다고 주장하는데, 이것은 신자가 구원의 행동에 참여해야 한다는 의미이다. 이렇게 인간의 주도권을 인정하는 것은 의로운 행위라는 잘못된 신학에게 문을 열어주는 꼴이라고 설명한다.

메노나이트들은 이러한 설명이 합리적이라고 본다. 대부분의 메노나이트들은 다른 개신교가 인정하는 하나님의 은혜에 대한 이해와 동일하며, 고결한 삶에 의해 구원을 얻을 수 있다는 기독교 관점을 거절하는 것 또한 동일하다. 결국 세례는 내면의 변화에 대한 외부의 표시이며 이 내면이 변화를 받는 것은 하나님이 하시는 일이라고 믿는다. 우리는 우리의 행동에 의해서 변화하는 것이 아니라 하나님의 은혜에 의해 변화하기 때문이다.

그러나 동시에 메노나이트들은 우리는 로봇이 아니라고 반응한다. 인간은 단순히 하나님이 써 놓은 각본에 따라 수동적으로 행동하거나 혹은 꼭두각시처럼 기계적으로 움직이는 존재가 아니다. 만약 우리가 그런 존재라면, 왜 신약 성경이 예수를 따르라는 말을 그렇게 강조하는 걸까? 왜 심판에 대해 그렇게 염려해야 하는 걸까? 왜 그리스도인들이 탄원의 기도를 드리는 걸까? 더 나아가 왜 예수는 "너희가 남의 잘못을 용서해 주면, 너희 하늘 아버지께서도 너희를 용서해 주실 것이다."마6:14라는 말씀을 들려주시며 인간이 취한 행동과 선택이 하나님의 반응에 큰 의미가 있다고 설명하신 걸까?

은혜가 하나님으로부터 오는 선물이라는 것은 분명하다. 실제로 우리가 하나님의 용서를 받을 수 있기 위해 할 수 있는 일은 하나도 없다. 그러나 선물은 결국 받아들여져야 한다. 어떤 사람이 실제 캐리비안 해변에 두주일 동안 머무를 수 있는 값 비싼 선물을 보냈다. 이 때 이 선물을 받은 사람이 그 여행을 떠나지 않기로 작정하고 선물을 받아들이지 않으면 그 선물은 아무런 의미가 없게 된다. 비유를 좀 더 진행시켜보자. 당신이 태어난 지 일주일밖에 안 된 아이와 휴가를 떠나야 한다고 가정해보자. 이 아이는 분명 휴가에 대해 아무런 기억을 할 수 없을 것이며, 그 여행이 얼마나 소중한지 아무런 감사를 표현할 수 없을 것이다. 유아세례도 마찬가지이기에 메노나이트들은 신자들의 세례를 베풀며 하나님의 은혜의 선물을 받아들이거나 거절할 자유가 있다고 본다. 예수는 세례를 받는 당사자가 믿고 배울 수 있어야 함을 끊임없이 설명하고 이를 당연하게 여기셨다. 복음서에서 세례는 예수를 따르라는 초청에 대한 반응과 직접 연결되어 있다.

지속적인 질문들

1. 세례를 받기에 몇 살이 적정한 나이일까? 일반적으로 메노나이트들은 세례를 받을 때, 적절한 나이 기준을 정해두지 않는다. 오히려 세례를 시행하는 회중과 개인이 가장 적절할 시기가 언제인지 자유롭게 결정하도록 열어둔다. 이 점에 있어서는 성경 본문도 명백한 지침을 주지 않는다. 복음서에는 어린 시절에 예루살렘에서 유대 선생님들을 만난 예수에 대한 이야기가 있다. 그때 예수가 대략 12세 정도였는데, 어떤 사람은 이를 근거로 상호책임을 지기에 가장 용이한 나이라고 주장하기도 한다. 청소년으로서 책임을 질 수 있을 정도로 성장한 나이를 12세로 여기는 것은 폭넓게 받아들여지고 있다. 그러나 세례의 자발성이라는 본질을 분명하게 하기 위해, 부모로부터 자유롭게 의사를 결정할 나이 즉 집을 떠나서 스스로 생활할 때까지 세례를 주어서는 안 된다고 주장하는 사람들도 있다. 결국 그들은 예수 자신도 30세가 될 때까지 세례를 받지 않았다고 말하기도 한다.

실제로, 이 질문은 개인과 회중이 함께 해결해야 할 문제다. 그리고 이 질문에 대해 답을 찾다보면 항상 한 가지 특정한 세례의 의미에 얽매어 있는 우리의 모습을 깨닫게 된다. 만약 기본적으로 부모들이나 회중이 우리의 죄성을 인정하면서 회개와 용서의 표지로 세례를 이해한다면성령세례, 다섯 살에서 여덟 살 정도의 나이에 세례를 받는 것도 적절할 것이다. 그러나 만약 세례의 강조점이 지역 회중에 가입하여 리더십 역할을 기본적으로 감당하게 하고 교회의 치리를 받게 하는 데 있다면 물세례 아마도 운전면허를 취득할 수 있거나, 투표권이 주어져 사회적 책임을 감당할 수 있는 나이나 그 이후에 받는 것이 더 적합할 것이다. 마찬가지로 만약 당신이 세례를 그리스도인으로서 감당해야 할 헌신이나 더 나아가 죽음에 대해 진지하게 생각해야 하는 것피의 세례으로 이해한다면, 적정한 나이는 아마 성년이 되어야 할 것이다. 전체적으로 볼 때, 메노나이트들은 전통적으로 만 10세 이하의 나이에 세례를 베풀지 않는다. 그러나 처음에 이야기한 것처럼 세례의 연령을 구체적으로 명시하지는 않는다. 오히려 세례를 받아야 하는 나이는 아이와 부모, 그리고 교회 리더들과 지역 회중이 함께 분별해야할 과제로 여긴다.

2. 세례를 받기로 한 선택은 사회화 과정과 다른가? '세례를 언제 받아야 하는가?' 하는 질문은 때때로 메노나이트 회중 안에서 자주 표현되는 또 다른 문제와 밀접한 연관이 있다. 메노나이트 가정, 교회, 더 나아가 메노나이트 학교에서 교육을 받은 젊은이들이 종종 자신들

이 속해 있는 사회와 세례를 어떻게 구분해서 생각하며 구별된 선택을 지속할 수 있는가? 정말로 다른 메노나이트들에 둘러싸여 빈틈없이 조직된 공동체에서 자라난 순종적인 젊은이들에게 의미 있는 선택에 대해 말하는 것이 어떻게 가능할까?

이러한 것은 매우 중요한 질문이다. 어떤 회중은 아이들이 8학년이 되거나 열여섯 살 생일이 되면 거의 모든 아이들에게 세례를 주기도 한다. 그러나 폭넓은 시각에서 볼 때, 우리는 그 어떤 결정도 하지 않는 것을 볼 수 있다. 최소한 인생의 기본 방향에 있어서 일어나는 결정은 더욱 그렇다. 미디어 중심으로 돌아가는 우리 시대는 물질주의와 개인주의가 가장 큰 목소리를 내고 있다. 이러한 시대에, 예수를 따르지 않기로 결정하는 것은 결코 가치중립적이지 않다. 반대로 우리는 이러한 결정을 복잡하게 만드는 상황 속에서 지속적으로 믿음을 따라 살기로 결정해야 한다.

메노나이트들에게 강요하지 않는 상황을 제공하는 것은 아주 중요하다. 그러나 메노나이트 부모들이 자신들처럼 자녀들이 동일한 선택을 하리라고 생각하는 것은 순진한 생각일 뿐이다. 만약 예수를 따르는 결정이 단순히 시장에서 소비자가 물건을 선택하듯이 뭔가 하나를 더 선택하면 되는 정도의 것이라면 자녀들을 양육할 때 이렇다 할 가치를 부여할 필요가 없다. 그러한 것은 그냥 헬스클럽에 가입하는 것과 다르지 않기 때문이다. 그리스도인들에게 주어진 사명은 발달단계와 민감하게 연관되어 있기는 하지만, 그렇다고 자식들에게 복음을 전하는 일까지 미안해할 필요는 없다.

3. 유아 세례는 아니지만, 헌아식은 어떤가? 비록 북미의 메노나이트들이 헌아식을 다시금 회복한 지는 채 50년 정도밖에 되지 않지만, 이들이 공식적으로 헌아식을 시행한 것은 16세기까지 거슬러 올라간다. 서로 비슷한 면은 없지 않지만, 헌아식과 유아세례를 혼동해서는 안 된다. 메노나이트 예배는 아이의 출생이 하나님의 선물이므로 순진하고 값진 새 생명을 선물로 받게 된 것을 공적으로 감사한다. 이는 희망이자 기쁨이다.

회중이 진정으로 원하는 것은 아이를 하나님께 드리는 것이지만, 헌아식의 보다 더 깊은 의미는 실제 어린 아이를 잘 돌보고 양육하겠다는 부모의 헌신을 공적으로 선포하는 것이다. 어린 자녀를 영적으로 양육하는데 헌신하겠다고 다짐함으로써, 회중과 부모는 교조주의나 세뇌의 길에서 벗어날 수 있다. 그러나 모든 부모들이 알고 있는 것처럼, 아이들을 양육하는 데는 많은 에너지가 소모된다. 이상적으로 말하자면 한 아이를 키우는 데는 공동체 전체의 도움이 필요하다. 실제 하나님께서 사랑의 공동체가 제공하는 양육과 훈련을 통해 믿음 곧 기쁨의 삶으로 초대하신다.

4. 세례는 꼭 특정한 회중이나 기존 교회에서 받아야 하는가? 메노나이트들에게 세례는 지역 회중의 멤버십과 직결되어 있기 때문에, 아나뱁티스트-메노나이트 전통에서 새로 회심했다고 곧바로 세례를 주는 선례는 많지 않다. 메노나이트 관점에서 볼 때, 지역회중과 자신을 동일시하지 않고 받는 세례는 성례전이 구원을 베푸는 것처럼 세

례의 행위 자체가 그 사람을 구원하는 것처럼 오해하도록 만들거나, 그 세례가 개인적인 행동으로 공식적인 중요성과 회중과의 상호책임을 전혀 갖고 있지 않은 모습이 될 것이다. 메노나이트들은 이러한 세례식은 받아들이지 않는다.

동시에 일반적인 세례에 대한 논쟁은 쉽게 끝날 만큼 단순하지 않다. 결국 어떤 사람들은 에디오피아 내시에게 세례를 준 빌립의 예를 들어, 지역회중에 대한 분명한 상호책임 없이 개인적으로 세례를 준 것이 너무나 명백하지 않느냐행8:38고 주장하기도 한다. 그리고 사도행전에 언급되어 있는 온 집이 세례를 받은 것은 회중과 관련되어 세례를 받지 않은 분명한 예라고 말하기도 한다.

그럼에도 불구하고, 예수께서 말씀하신 대 사명에는 세례에 관한 분명한 지침내가 분부한 모든 것을 가르쳐 지키라이 드러나 있다. 성경은 그 어느 곳에서도 자유로운 개인주의자들의 세례를 옹호하지 않는다. 신약성경에 대한 메노나이트들의 이해는 배경이 다른 신자들의 정황 속에서도 그리스도인들이 걸어야할 분명한 틀을 제공한다. 우리는 신자들의 몸으로 모여 교제하면서 그리스도를 알고, 신앙을 성숙시키고, 하나님의 뜻과 세상을 향한 목적에 대한 이해를 깊게 해야 한다.

나중에 다시 살펴보겠지만, 메노나이트들은 교회가 그 어떤 교단보다 더 큰 개념이라고 여긴다. 이 세상의 다른 그리스도인들과 함께 우리는 성령님의 선물로써 보편적 사랑, 용서, 제자도에 대한 메시지를 공유한다. 그러므로 믿음과 같이 세례도 항상 특별할 뿐 아니라 보편적인 의미가 있어야 한다. 동시에 우리는 다른 신자들과 함께 구체적이고, 특별하고, 지역적이고 매일 삶속에서 시행되는 이러한 보편적 진리를 완전히 이해하거나 표현할 수 없다.

여러 이유로 메노나이트들은 세례식과 회중의 멤버십을 따로 떼어놓고 생각하지 않는다. 만약 한 사람이 새로운 공동체로 이사를 가면, 그가 속해있던 교회는 통상적으로 이사 가서 다니는 새로운 교회에 그 사람이 어떤 사람인지, 개인적인 신앙과 특별한 은사가 어떤지 보증하는 "멤버십 이전 편지"를 보낸다. 그리고 새로 다니는 교회에 멤버로 받아들이는 과정을 진행하도록 격려한다. 이러한 것은 어떤 강요나 통제에 의해 진행하지는 않는다. 메노나이트 교회는 자유롭고 자발적인 참여로 이루어진다. 그러나 이러한 세례의 밑바탕에는 우리가 하나님의 백성이라는 특별한 그룹에 헌신해야 한다는 인식이 깔려있다. 그것은 상호의존성이라는 믿음의 본질을 실감나게 표현하는 방식이다. 우리는 서로 아무 상관이 없이 홀로 외롭게 사는 그리스도인이 아니다. 실제로 많은 새로운 사람들은 메노나이트 교회가 갖고 있는 회중의 적극적 참여를 큰 매력으로 생각한다. 어떤 면에서 메노나이트 교회는 자기중심적 외로움이 편만해있는 현대 문화 한 가운데에서 함께함의 가치를 기리는 교회라 할 수 있다.

5. 세례식의 형태는 어떠한 것이 적절한가? 어떤 것이 올바른 세례식인지 그 절차에 대해 논의하는 것은 종종 기독교 역사에 긴장을 유발하기도 했다. 메노나이트들도 이러한 논쟁에 있어 예외가 아니

다. 강이나, 연못 혹은 세례반에서 시행하는 침수례는 전통적으로 예수 자신의 세례 유형을 그대로 따르는 방식으로 이해되었다. 침수는 그 자체로 새로운 삶을 향해 나아가는 그리스도의 죽음과 부활을 상징하는 강한 의미가 담겨있다. 그러므로 어떤 메노나이트 회중은 침수례 방식을 선호한다. 특히 메노나이트 형제 교회들은 세례 유형으로 침수례가 가장 성경적이라고 주장한다.

역사가들은 초기 그리스도인들이 세례를 받기 위해서는 비밀스럽게 모여야 했기 때문에 아마도 사적인 환경에서 세례식이 이루어졌을 것이라고 주장한다. 이러한 상황에서는 침례가 불가능하여 이를 대신할만한 세례방식인 관수례나 살수례가 행해졌을 것이다. 관수례는 세례를 베푸는 사람이 무릎을 꿇고 세례를 받는 사람의 머리에 물을 붓는 방식이고, 살수례는 물을 뿌리는 방식의 세례를 말한다. 여기에서 관수례는 오순절에서 성령께서 사람들 위에 부어졌음을 상징한다.사도행전 2. 초기 아나뱁티스트 회중들도 정치적·사회적 정황으로 보아 비밀스럽게 모여 관수례를 행했던 것 같다. 그러나 몇 몇 기록들을 보면 아나뱁티스트 그룹들이 숲의 은밀한 장소에 모여 침수례를 행하기도 하였다.

비록 어떤 회중들은 이러한 질문들에 대해 특정 입장을 진지하게 고수하지만, 현재 대부분의 메노나이트들은 물세례의 외형적 방식에는 상당히 유연한 모습을 보인다. 신학적 관점으로 볼 때, 세례 방식은 실제 그 의미와 실천적 삶에 비해서 덜 중요하다고 믿기 때문이다. 세례식은 그리스도를 믿고 따르겠다는 공적인 헌신으로 지역 회중과 함께 하며 예수의 길을 올곧이 따르겠다는 서약임을 강조하고 있다.

6. 다른 기독교 전통에서 유아세례를 받은 사람들이 메노나이트 교회에 회원이 되려면 다시 세례를 받아야 하는가? 대부분의 아나뱁티스트 메노나이트 교회역사를 통해 볼 때, 답은 아주 간단하다. 그렇다. 결국 이 질문은 16세기 아나뱁티스트 정체성과 그 맥락을 같이하는 핵심이기 때문이다. 정확하게 말하자면 아나뱁티스트들은 자기 자녀들에게 유아세례주기를 거부하였고, 자녀들이 스스로 믿음을 고백하기 충분한 나이에 이르기까지 세례를 주어서는 안 된다고 믿었다. 이로 인해 옥에 갇히고, 고문을 당하고, 처형을 당했다. 만약 어떤 사람이 유아세례를 받고 성인 세례를 받지 않았다면, 혹은 자신의 세례에 대해 전혀 기억이 없는 사람이라면, 도대체 그리스도를 믿는 그들의 신앙에 대한 공식적인 헌신을 명확하게 할 만한 근거가 어디에 있으며, 예수의 길을 따르겠다는 그들의 마음을 어떻게 확인할 수 있겠는가? 이러한 이유들 때문에, 아나뱁티스트들은 "다시 세례를 받은 사람들"이라는 오명을 감수하면서 살아왔다. 그들은 자신들이 태어나면서 받았던 성례전으로서 유아세례는 진정한 세례가 아니며 단지 어린 아이에게 물을 뿌린 행위에 불과하다고 이해한다.

'유아세례를 받은 사람이 새로운 회원으로 가입하고자 하는데, 이러한 신자들의 세례를 받기 원치 않을 때는 어떻게 할 것인가?' 하는 논쟁이 본질적으로 목회적 차원에서 논의되곤 한다. 어떤 사람들에게 새로 회원이 되기 위해 다시 세례를 받아야 한다는 회중의 기대는 그리스도인으로서 살아가는 삶과 실천에 큰 도전으로 다가온다. 왜냐하면 새로운 회원이 되려는 사람에게 메노나이트 교회에서 살기 이전의 삶을 마치 비그리스도인으로서 보낸 것 같은 느낌을 주기 때문이다. 어떤 사람들은 자신들이 세례를 받기 전까지 보낸 그리스도인의 삶의 질이 충분한 증거가 되지 않는다면 진정 세례가 의미하는 바는 무엇인가? 질문한다. 아주 많은 수의 메노나이트 회중들이 이러한 염려에 대해 반응하는데, 대답은 각자 회중들의 상황에 따라 다르며, 회중의 분변함에 맡겨진다. 대부분의 회중들은 보다 솔직하고 분명하게 새로운 회원에게 재세례를 받도록 초청하는 반면, 어떤 회중들은 일반 원칙에 대해 분명한 예외를 두고 자신의 신앙을 명확하게 고백하며 살기 원하는 사람들을 재세례 없이 회원으로 받기도 한다.

결국 여기에서 중요한 것은 재세례 문제에 있어 회중이 서로 다른 입장으로 나뉜다는 점이 아니다. 메노나이트들의 이해에 따르면, 세례를 베푸는 행위가 구원을 이루는 것이 아니다. 그렇지만 회중은 메노나이트 정체성에 있어서 세례가 얼마나 중요한 요소로 작용하는지, 그리고 세례의 시행 절차가 어떻게 변화해가고 있는지 보다 신중하게 생각하고 조심스럽게 대해야 한다. 메노나이트 신앙과 삶에 관심을 갖고 오는 사람들은 그들이 속하게 될 공동체가 어떤 정체성을 갖고 존재해 왔는지 충분히 알아야 한다. 물론 믿음과 실행예식은 도전받고 변경될 수 있지만, 만약 새로운 신자들이 올 때마다 이러한 기본적 신념의 근간을 제대로 공개하지 않으면, 공동체는 그 자체로 유지될 수 없다. 상징들은 공동체 생활과 실행예식의 뼈대가 되기 때문에, 이러한 상징들이 시시때때로 무시되거나 가변적이어서는 안 된다. 결국 500년 아나뱁티스트-메노나이트 역사 속에서 시행되어 온 신자들의 세례의 핵심을 인식하는 가운데, 만약 자신이 속하고자 하는 그룹의 정체성과 본질에 대해 강하게 저항한다면, 새로운 신자들이라 할지라도 그들이 추구하는 공동체의 본질을 충분히 이해하도록 합법적으로 질문할 수 있어야 한다.

메노나이트 교회에 오래 다녔으나 세례를 받지 않는 신자들과 회중에 공식적으로 참여할 마음이 있으나 세례를 받지 않은 신자들은 외국 사람들이 미국의 시민이 되려고 할 때, 거쳐야 하는 공식적 귀화 절차가 어떠한지를 살펴보면서 세례를 진지하게 생각해 볼 필요가 있다. 그 나라에 오래 살기 위해 이러한 과정과 절차는 꼭 필요하다. 그들은 법을 지키고, 세금을 내고, 지역 문화에 참여함으로써 그들이 속하는 공동체의 충실한 멤버가 되는 것이다. 이러한 외면상의 조건을 충족해야 그들이 시민이 된다.

이러한 귀화과정에 필요한 예식을 거행함에 있어 그들의 헌신은 공식적이며 분명한 성명서로 표시하도록 되어 있다. 사람들은 이러한 공식적 예식을 당연히 치러야 하는 것으로 여긴다. 비록 새로 시민이 되는 그 사람의 기본적인 태도와 성품은 하나도 변하지 않은 것처럼 보일지라도, 선서를 치르는 그 행사 자체가 그 사람에게 새로운 의미로 다가와 특권과 책임을 부과한다. 마찬가지로, 신자들의 세례는 우리의 헌신을 하나님, 교회, 그리고 일상적인 제자도에 고정시키며, 공적인 기억으로 자리하도록 만들어 준다. 신자들의 세례는 아주 오랜 세월동안 이미 형성되어 온 신자들의 새로운 삶을 기뻐하며 깊이 뿌리내리도록 하는 역할을 해왔다.

요약

자발적인 세례 혹은 신자들의 세례는 신자들을 하나로 통합시킨다. 또한, 행사가 갖고 있는 풍부한 의미를 통해 세례식은 메노나이트 교회의 신앙과 삶에 중추적인 역할을 한다. 신학적·성경적인 근거들을 통해 볼 때, 세례식은 가톨릭 전통이나 많은 프로테스탄트 교회들과는 다른 독특한 메노나이트 만의 방식이 핵심 신념에 반영되어 있다. 그러나 동시에 메노나이트 교회 내에 존재하는 세례식과 관련된 모든 질문이 명쾌하게 답변되고 해결되지는 않는다. 실행예식이 매우 중요함에도 불구하고, 거기에는 여전히 회중들이 이 주제를 놓고 열린 모습으로 대화하고 분변해야 할 여지가 있다.

16세기 이래로 이러한 토론의 상황은 늘 극적으로 변화하고 있다. 아나뱁티스트들에게 신자들의 세례는 당시 기존의 국가교회를 불안하게 하고, 사회와 정치적 질서를 위협하는 분열의 상징이기도 했다. 그래서 국가가 이러한 신자들의 세례를 시행하는 사람들에게 사형을 언도하기도 했다. 16세기와는 대조적으로 현재는 양심의 문제에 있어서 개인의 자유라는 원칙이 미국의 공적인 생활에 너무나 강하게 확립되어 있어서 신자들의 세례라는 메노나이트 전통이 그다지 급진적으로 보이지 않는다. 유아세례를 거부하는 것 때문에 더 이상 박해를 받지 않게 된 것은 메노나이트들에게 좋은 소식이다. 그러나 또 다른 위험성은 세례식이 단지 하나의 상징으로 자리하게 되었다는 것과, 아주 나쁜 것 중 하나는 청소년이나 일정한 나이에 이르면 영적인 변화나 성품의 변화 없이 세례를 받는 사람들이 많이 생겨났다는 사실이다.

이 주제에 대한 중요한 신학적 차이로 인해 메노나이트와 다른 그리스도인 그룹들 사이에 분열이 있었다. 동시에 포스트모던 맥락과 극도로 세속화된 문화에서, 대중문화가 더 이상 그리스도인의 가치들을 지탱해주거나 끌어안지 못하고 있다는 상황에서 거의 모든 교단들이 일종의 "자유 교회"가 되어가고 있다. 그러기에 모든 종류의 교회들은 새로운 그리스도인들이 교회 생활에 잘 적응하고, 온전한 신앙을 생활을 영위하도록 양육해야 한다. 이를 위해 그리스도인들은 본질에 충실한 헌신에 대해 분명한 의식을 갖고 있어야 한다.

7. 제자도로서의 믿음: 메노나이트 전통에서의 실행예식 1

예수께서 제자들을 부르신 사건보다 더 단순하고 깊은 의미를 갖고 있는 이야기는 많지 않다. 사역을 시작한 어느 날, 예수는 갈릴리 바다에서 그물을 깁고 있는 베드로, 안드레, 요한을 만났다. 우리는 이 사람들이 열심히 일하고 교육을 제대로 받지 못한 어부들이었다는 것 외에 별로 아는 것이 없다. 그러나 예수가 그들에게 그물을 버려두고 자신을 따르라고 했을 때 "즉시 그를 따랐다."마4:22 그 결정과 함께 그들의 인생은 다시 돌이킬 수 없는 변화의 길을 걷게 되었다.

물론 우리는 이 이야기가 나중에 어떻게 전개되는지 이미 잘 알고 있다. 복음서는 예수님과 함께했던 이 제자들의 여정이 어떻게 전개되는지 잘 말해준다. 기적에 대한 그들의 의심과 놀라워하는 모습, 비유를 듣고 이해하지 못해 어리둥절해 하며 깨닫기 위해 씨름하는 모습, 헌신과 십자가 사건 그리고 부활에 이르기까지 얽히고설킨 여러 이야기를 잘 알고 있다. 그리고 사도행전에 기록되어 있듯이 초기 교회에 얽힌 여러 감동적인 이야기를 잘 알고 있다.

제자들은 곧 예수를 따르는 것이 자신들의 삶 전체에 변화를 요구한다는 사실을 곧 알게 되었다. 확실하게 말하자면, 그들은 여전히 같은 나라에 살고, 동일한 언어를 사용하고, 예전과 똑 같은 문화에서 살았다. 그러나 이제 그들은 자신들에게 친숙한 광경을 완전히 다른 메시아의 관점에서 바라보게 되었다 즉 그들은 "먼저 된 자가 나중 되고"막10:31 "크고자 하는 자는 "모든 사람의 종"9:35이 되어야 한다고 말씀하시는 메시아를 따르는 삶이 어떤 의미인지 씨름하면서 그를 따랐다.

그리스도인이 되는 것에 대해 말할 때, 메노나이트들이 즐겨 사용하는 말은 제자도이다. 그들이 말하는 제자도라는 단어가 갖고 있는 가장 중요한 속성은 섬김과 사랑이다. 제자도를 언급할 때, 메노나이트들에게 어떤 순회 설교가를 만났던 농부에 대한 이야기가 전해 내려오고 있다. 설교가가 농부에게 '구원을 받았는가?' 질문하였다. 그러자 농부는 이렇게 이야기 하였다. "아마도 저는 당신이 원하는 답에 대해서 말할 수는 없습니다. 그러나 만약 제가 그리스도인인지 알기 원하신다면 제 이웃 사람들에게 물어보시면 될 겁니다."

비록 메노나이트들은 때때로 마치 일과 업적을 아주 중요하게 여기는 종교인들처럼 보일 수 있다. 그러나 보다 더 깊은 실제 삶을 들여다보면 그들은 말만 무성하고 감정과 여러 가지 겉으로 드러나는 종교의식이나 믿음에 대해 상당히 회의적이다. 세례를 받을 때, 우리는 예수 그리스도를 닮아가기로 결정한다. 이 그물을 버려두고, 우리 주변의 문화들이 당연하게 여기는 것을 당연한 것으로 받아들이지 않고, 위험스럽지만, 기쁜 믿음의 여정을 떠나는 제자들이 된다. 이것은 쉬운 길이 아니다. 예수의 제자들처럼 메노나이트들은 종종 예수께서 말씀하신 것들이 무슨 의미인지 깨닫는데 오랜 시간을 보내기도 한다. 그러나 비록 그 길이 불확실하고 위험천만한 길일지라도 역사적으로나 신학적으로 우리는 주변의 문화나 전통적 사고방식을 따르지 않고 예수 그리스도를 따라왔다.

예수의 급진적 가르침

여러 세기에 걸쳐 그리스도인들은 어떻게 예수의 가르침을 해석하는가에 대해 다양한 방식으로 씨름해 왔다. 특별히 우리의 본능을 거스르는 내용과 상식을 거스르는 보다 급진적인 가르침들에 대해 어떻게 해석할 것인가를 놓고 씨름해 왔다. 많은 사람들이 산 위에 모였을 때, 예수는 "너희를 핍박하는 자들을 위해 기도하고, 원수를 사랑하라"마5:44는 말을 하였다. 예수를 따르겠다고 장담하던 부자 청년에게는 "네가 가진 모든 소유를 팔고 나를 따르라"눅18:22고 하셨다. 가르침에 어리둥절해 하는 제자들에게 "너희가 어린아이와 같지 아니하면 결단코 천국에 들어갈 수 없다"고 말씀하셨다.마18:3

많은 그리스도인들은 일반 사람으로서 이러한 회심이나 급진적 가르침을 문자 그대로 경험하거나 기대할 수 없다고 생각한다. 어려서 받은 유아세례가 가져다주는 구원에 대한 약속 안에서 보장된 삶을 삶아갈 수 있다고 주장한다. 또한 우리가 할 수 있는 한 덕스러운 행위와 자선을 통해 최선을 다하면 된다고 말한다. 그러나 일상의 지저분한 현실 속에서 그리스도의 높은 기준들은 일반사람들에게 요구하기에는 너무 수준이 높다고 여긴다.

여전히 그리스도의 가르침을 버리지는 않는다. 가톨릭교회는 이러한 긴장을 해결하기 위해서 특별한 종류의 그리스도인들을 만들었다. 즉 이러한 그리스도의 높은 표준을 따라 살기 원하는 수녀와 신부들이라는 범주를 창안해 냈다. 수도원의 규율을 따라 사람들은 기도의 삶, 단순한 생활, 고매한 삶, 경제적인 나눔, 비폭력, 가난한 사람에 대한 환대, 병든 자를 돌보는 일들이 가능해졌다. 간단히 말해 예수의 구체적 가르침에 가능한 가까운 모습으로 살도록 특별히 헌신된 사람들을 따로 구분해 놓았다. 그래서 교회는 이러한 기준을 쉽게 내려놓고 많은 사람들에게 이러한 그리스도를 따르는 기준을 포기하게 만들었다. 대신에 제자도는 급진적 삶을 살기로 부름을 받은 특별한 그리스도인들만이 추구하는 하나의 선택사항이 되어 버렸다.

이와는 대조적으로 프로테스탄트 개혁가들은 수도원적 선택을 거부하였다. 실제로 그들은 수녀와 수사들에 대해 특별한 비평을 유보하였고, 대신 전체 수도원 체제가 구원에 큰 결함이 있도록 만들었다고 보았다. 순례객, 고해성사, 고행, 특히 강렬한 규율의 수도원 생활은 하나님의 은혜의 선물을 저버리고 독실한 행위를 따르도록 만들었다고 주장하였다. 루터가 끊임없이 반복하여 말한 것처럼 우리가 행위로 말미암아 구원을 얻는 것이 아니라, 은혜로 말미암아 구원을 얻기 때문에 이러한 실행은 복음을 곡해한 결과였다.

확실하게 말하자면 종교 개혁가들은 예수의 가르침을 처음부터 거부하지는 않았다. 그러나 그들은 예수의 사명을 이해할 때 교사나 모범이라는 핵심적인 관점에서 구세주라는 영적인 역할로 바꾸어 놓는 경향으로 보였다. 구원은 단지 십자가에서 흘리신 그리스도의 희생적인 보혈을 전적으로 의지해야만 한다고 주장하였다. 이것이 진짜 그가 이 세상으로 오신 목적이자 사명이라고 부각시켰다. 최선을 다해 예수의 가르침을 선포하였지만 우리는 근본적으로 그가 가르친 것을 온전히 행할 수 없다고 가르쳤다. 그 결과 우리들은 법을 행할 능력이 없고 계속해서 은혜의 팔에 의지해야만 했다.

메노나이트들은 가톨릭과 프로테스탄트들에게 신학적으로 큰 빚을 지고 있다. 그러나 제자도와 윤리에 대한 측면에는 많은 차이가 있다. 믿음을 이야기함에 있어 메노나이트들이 가톨릭 이웃들에게 보다 구체적인 복종을 요구하며, 수도원 규율보다 더 높은 믿음을 가져야 한다며 예수의 기준을 제시하였다. 그러나 메노나이트들은 이러한 모든 것이 영적인 엘리트들만을 위한 기준이 되어서는 안된다고 말할 준비가 되지 않았다. 대신에 메노나이트들은 예수의 어려운 말씀들이 – 예를 들어 산상수훈에 나오는 원수 사랑과 같은 말씀들이 – 몇 안 되는 영웅적 인물들을 위한 것이 아니라, 모든 그리스도인들을 위한 것이라고 믿었다. 마찬가지로 메노나이트들은 프로테스탄트 이웃들에게 우리가 하나님의 은혜로 말미암아 구원을 얻는다고 말한다. 그러나 그들은 믿음을 곧 하나님의 은혜가 우리의 죄를 없이한다는 영적인 수행으로 간주하지 않는다. 그들이 믿는 진정한 믿음이란 반드시 삶의 변화와 변혁을 동반하는 구체적인 방식으로 표현되어야 한다. 야고보서에서 말하는 것처럼, "행함이 없는 믿음은 죽은 믿음"2:20,26이기 때문이다.

급진적 재조정: "하늘에서 이룬 것 같이 땅에서도"

친히 제자들에게 가르쳐준 기도에서, 예수는 그리스도인들이 추구해야할 제자도의 본질에 대한 통찰력을 제시하였다. 주의 기도마6:9~13는 매주일 전 세계 수천만의 그리스도인들이 반복하여 드린다. 그 기도는 "이름이 거룩히 여김을 받으시며"라는 말로 하나님께 영광과 존경을 아주 적절하게 표현하고 있다. 그리고 실제로 하나님께 영광과 찬송을 드린다는 것이 무엇인지 올곧이 표현해내고 있다. 하나님은 그의 나라와 그의 뜻이 "하늘에서 이룬 것 같이 이 땅에서도" 이루어질 때 영광을 받으신다고 기록되어 있다. 많은 그리스도인들은 그들이 도대체 무슨 기도를 드리는지 더 이상 알지 못하는 모습으로 이 말씀을 자주 반복한다. 우리가 주님의 뜻이 "하늘에서와 같이 땅에서도" 이루어지게 해달라고 요구할 때, 우리는 이 땅위의 삶이 하나님의 뜻과 목적 안에서 변화되고 경험할 것을 기대해야 한다. 바울은 "그러므로 이제부터 우리는 어떤 사람도 육신을 따라 알지 아니하노라. 비록 그리스도도 육신을 따라 알았으나 이제부터는 그같이 알지 아니하노라. 그런 즉 누구든지 그리스도 안에 있으면 새로운 창조new creation라. 이전 것은 지나갔으니 보라 새 세상이로다!고후5:16~17. 그리스도의 제자가 되는 것은 우리가 세상을 새로운 관점으로 본다는 말이다. 인간 경험을 통해 우리가 자연스럽게 받아들이는 기본전제들은 모두 창조의 부분들인데, 이는 이제부터 이 모든 것이 그리스도 안에서 다시 새로워진다는 말이다.

창세기 1~3장의 설명에 따르면, 하나님께서 창조하시고 "좋았다"라고 했던 그 세상은 죄로 말미암아 오염되었고, 구원의 필요를 간절히 기다리고 있다. 죄의 독성은 단순히 외로운 행동이나 종종 드러나는 악한 사람들이 사회 질서를 파괴하는 수준을 넘어서 세상에 편만해 있다. 마치 샘에 독극물이 한 방울 떨어진 것과 같이, 죄는 창조를 얼룩지게 만들었다. 그 결과 이 세상에 편만해 있는 죄의 결과는 어디에서나 쉽게 볼 수 있는 모습으로 자리하게 되었다. 나라간의 전쟁, 가정 폭력, 차마 눈뜨고 볼 수 없는 기아나 빈곤, 엄청난 비용을 치러야 하는 중독에 대한 유혹, 더 나아가 아주 좋은 의도로 시작하였지만 영혼을 좀먹는 사회 복지 프로그램들까지 어디에서나 이러한 죄의 모습을 발견할 수 있다. 이러한 목록은 끝이 없이 이어진다.

메노나이트들에게, 그리스도인의 제자도는 죄가 편만해 있는 창조의 현실을 바라보면 급진적 대안을 제공한다. 그들에게 예수를 따른다는 것은 자신의 마음에 예수를 받아들이는 개인의 영적인 변화나, 감정에 충만한 은사주의적 경험이나, 정기적으로 성찬식에 참여하는 것들을 의미하지 않는다. 오히려 예수를 따른다는 것은 하나님의 변화시키는 일, 세상을 구속하는 일, 그리스도에 의해 가능한 "새 창조"에 동참하고 그러한 일의 증인이 되는 것을 의미한다. 그리하여 하나님의 뜻이 진정 하늘에서처럼 땅에서도 분명히 이루어지도록 하는 것이다.

새 창조의 중심에는 힘에 대한 놀랍고도 역설적인 이해가 자리하고 있다. 힘과 먼 거리를 두고 있지만, 이 것이 곧 예수의 제자들이 힘이 없다는 의미가 아니다. 예수가 72명의 제자들에게 하나님 나라의 좋은 소식을 전하도록 내어보냈을 때, 예수는 이렇게 말했다. "내가 하늘과 땅의 권세를 너희에게 주노니, 너희가 뱀과 전갈을 밟으며 원수의 모든 능력을 제어할 권능을 주노니 너희를 해질 자가 결코 없느니라."눅10:19 그러나 예수께서 가르치시고 행한 이 권세나 힘은 인간의 깨어지기 쉬운 모순적 능력으로 하나님의 현존이 온전히 드러나도록 하는 인간의 연약함 안에서 발견된다.

복음서에서 반복해서 나타나고 있는 것처럼, 예수는 그의 제자들과 끊임없이 소통하였다. 그가 소개한 하나님 나라는 이 세상이 왕국이나 통치 원리들과는 완전히 다른 모습으로 운영되는 나라다. 예수에 따르면 그의 나라에서는 "처음 된 자가 나중 된다." 그의 나라에서는 온유한 사람, 자비로운 사람, 친절한 사람이 축복을 받는다. 그의 나라에서는 사랑과 동정심과 연민이 폭력으로 강요하거나 능력을 행사하고 물리적 고통이나 죽이겠다고 협박하는 것보다 더 큰 능력으로 자리한다. 정말로 종이 됨으로써, 자신을 온전히 비울 때에만 하나님의 영광과 능력이 온전히 드러나며 하나님의 뜻이 "하늘에서 이루어진 것처럼 땅에서도 이루어진다.

그러므로 제자도는 예수의 길을 따르라는 부르심을 받아들이고 그 부르심에 헌신하면서 시작된다. 제자도는 하나님이 타락한 세상에 가져오는 새로운 창조 질서를 드러내며 이를 증거한다. 그리고 제자도는 사랑과 봉사라는 구체적인 행동으로 표현된다.

메노나이트 전통 안에서 발현되는 제자도의 구체적인 모습에 대해 설명하기 전에, 제자도에 있어 사람들이 갖고 있는 두 가지 큰 오해에 대해 분명하게 설명해야 하겠다. 우선 제자도는 본래 무엇을 꼭 해야 한다는 식의 법들을 모아놓은 것이 아니라는 점이다. 믿음에 대한 메노나이트들의 이해는 항상 우리가 눈으로 볼 수 있는 모습으로 매우 구체적이다. 믿음은 항상 이 세상에서 살이 되고 피가 되는 모습으로 표현되어야만 한다. 그러나 때때로 메노나이트들은 믿음과 행위가 하나 되어야 하는 헌신을 요구함에 있어서 감당하기 힘든 율법주의적인 나락으로 떨어지기도 했다.

율법주의에 대한 반응은 주기도문이 제시하듯 우리 자신이 하나님과 갖는 관계가 어떤지 정기적으로 기억해 냄으로써 방지할 수 있다. 웨스트민스터 신앙고백개혁교회 전통이 사용하는 고백서이 선언하는 것처럼 우리의 제일 되는 목적은 "하나님을 영화롭게 하고 영원히 그를 기뻐하는 것이다". 그러므로 제자도는 항상 감사의 표현이자 하나님을 영광되게 하는 모습으로 이해되어야 한다. 그것이 하나님의 변화시키는 사랑에 대해 반응하는 방식이다.

다음 장에서 보다 상세하게 설명하겠지만, 제자도에 대한 두 번째 결정적인 사항은 제자도는 외로운 사람이나 개인적인 영웅들을 위한 것이 아니라는 점이다. 그리스도인의 제자도는 혼자 노력해서 이루는 것이 아니다. 바울이 말한 새 창조의 맥락은 항상 신자들의 공동체 안에서 이루어진다. 하나님께서 우리에게 원하시는 것은 우리가 함께 제자도를 실천해 나가는 모습니다.

이번 장의 나머지 부분은 메노나이트들이 인간으로서 살아가는데 중요한 세 가지 측면, 즉 돈, 성, 권력이라는 내용을 중심으로 제자도를 항목별로 개관하는데 할애할 것이다. 이 세 가지 영역에 있어서 메노나이트들은 그리스도에 대한 헌신이 어떻게 이러한 근본적인 실존의 문제들을 이해하도록 변화시키는지 그리고 어떻게 이러한 자연스러운 충동들이 새 창조의 방향으로 구속되고 변화되는지 끊임없이 질문한다.

돈: 단순하고 관대한 청지기로 살기로 헌신함

1989년 봄, 인류 역사의 수레바퀴는 기대하지 않게 갑자기 그 방향을 바꾸었다. 그 누구도 예견할 수 없었던 모습으로 빠르게 변화하는 정치적 경제적 개혁이 잇달아 일어났다. 동독 정부가 거의 30년이 넘도록 잠가 놓았던 국경을 열어젖히고 사람들이 자유롭게 왕래하도록 허가하였다. 기쁨에 넘쳐 베를린 장벽위에서 덩실덩실 춤을 추는 사람들의 모습들이 생중계되고, 곧이어 벽이 무너지는 장면과 역사적 사건을 바라보며 행복에 겨워하는 사람들의 모습이 방영되었다. 많은 사람들에게 베를린 장벽이 무너지는 모습은 창의적인 정신을 파괴해왔던 사회주의 체제에 대한 민주 자본주의의 완전한 승리로 각인 되었다. 현재 자본주의 경제는 극도의 생산능력을 과시하고 있다. 자동차가 세계 시장을 종횡무진 달리고 지구촌 경제에 참여하는 모든 사람들에게 보다 나은 삶을 희망하도록 제시하였다.

동유럽과 전 세계에서 영향력을 행사하는 자본주의의 승리를 바라보는 것은 북미의 그리스도인들에게 일종의 유혹이다. 결국 자본주의는 성경이 말하는 인간 본성의 관점을 전제로 한다. 자본주의는 열심히 일하는 것을 높이 평가하며, 만족을 모르도록 만들어가고 있다. 자본주의는 기술교육에 대해 보상한다. 그리고 자본주의는 인간 혁신과 창의력을 이끄는 놀라운 동력을 인정한다.

그러나 그리스도인들은 사회주의자들과 자본주의자들이 똑같이 여기는 경제 시스템을 하나님의 새로운 창조의 부분인 것인 양 혼동하지 않도록 주의해야 한다. 물론 자본주의에는 분명한 혜택이 많이 존재하지만, 그 안에는 여전히 타락한 세상의 모습이 그대로 반영되어 있다. 실제로 자본주의 경제체제에서 생산력이라는 기치 이면에 존재하는 동력은 인간 본래의 경쟁, 이기심, 탐욕이 깔려있다. 탐욕이라는 연금술사는 궁극적으로 개인적인 자기관심이라는 거친 원석을 시장에 내다 팔 멋진 금으로 둔갑시킨다. 만약 모든 사람들이 개인적인 이득을 추구한다면, 수요와 공급의 법칙이 보다 더 폭넓게 받아들여지게 될 것이다. 조금 다르게 표현하자면, 야망은 좋은 것이다. 이미 사람들이 경험하고 있는 것처럼 이러한 관점은 자본주의의 성공으로 설명할 수 있을 것이다. 그렇지만 이러한 관점은 성경의 개념과 아무런 상관이 없다.

자본주의나 사회주의에 대해 예수께서 하신 말씀은 별로 없지만, 부와 자비에 대해서는 많은 말씀을 하셨다. 그의 가르침에 있어서 제자도로의 부르심은 "그리스도 안에서 새로운 피조물"이 되라는 초청이다. 이 새로운 창조는 정확하게 자본주의가 추구하는 인간 본성의 여러 가지 측면들 즉 탐욕, 이기심, 자기중심주의를 간과하지 않는다. 그리고 이러한 새 창조는 이러한 인간 본성을 동정심, 자비, 깨어지기 쉬움 등으로 탈바꿈시킨다.

우리가 사는 시대의 시장경제 논리가 우리를 매일 일상의 필요한 일들을 적극적으로 추구하도록 몰아넣을 때, 예수는 우리에게 물질을 넘어선 곳을 넘어 마음속에 무슨 일이 일어나는지 보도록 요청한다. 현재 우리 경제가 참 인간은 축소하고 생산자와 소비자들을 부각시킬 때, 예수는 우리에게 하나님의 형상을 따라 지음을 받은 모든 인간을 존엄과 존중으로 대하라고 초청하신다. 멋진 인생을 언급하는 광고 문구가 거짓된 모습으로 잘못된 환상을 주입시키는 동안, 예수는 온전히 자유롭게 해주는 진리를 제시하신다. 세상의 논리는 우리에게 더 많은 돈과 물질을 쌓아올리라고 부추기는 동안, 예수는 우리의 궁극적인 보화는 하늘에 있음을 상기시켜주신다. "너희는 먼저 하나님의 나라와 하나님의 의를 구하여라. 그리하면 이 모든 것을 너희에게 더하여 주실 것이다."마6:33

이러한 경제왕국에서 제자도를 진지하게 생각한다고 해서 메노나이트들이 사업과 상업에 관련된 모든 측면을 부정하는 것은 아니다. 실제로 지난 50년을 되돌아 볼 때, 메노나이트 기업가, 제조업자, 소매업자들은 상상할 수 없을 만큼 급증하였다. 어떤 면에서 우리 모두는 소비사회와 지구촌 경제의 아주 복잡한 상호관계에 참여하고 있다. 그러나 동시에 메노나이트들은 정직한 축복이 시장에 부족함 없이 끼쳐지도록 노력하며 자본주의 및 사회주의 논리와 다른 새로운 창조라는 세계관과 하나님이 항상 그의 백성을 마음에 두고 계시다는 사실을 잊지 않도록 애쓰고 있다.

1. 그리스도인의 청지기직. 메노나이트들은 우리가 갖고 있는 시간, 창의적 재능, 우리의 재물, 토지 등 모든 것이 하나님으로부터 온 선물이라고 믿는다. 확실히 우리는 교육을 위해 그렇게 일하거나 시장의 기회를 추구하기 위한 통찰력을 갖거나, 생산력 증대를 위해 기계를 창안하거나, 효과적인 판매 전략을 만들어왔다. 그러나 그리스도인의 관점으로 볼 때, 우리는 이러한 것들을 소유해야만 한다고 주장하지 않는다. 우리가 갖고 있는 것은 모두 다 하나님에게서 빌려온 것이며, 우리가 소유한 것은 일시적인 것이다. 우리는 마치 자신의 안전과 존엄을 통제할 수 있기라도 하듯이 살지만, 우리가 소유한 재산들은 움켜잡고 축적하기 위한 것이 아니다. 오히려 우리는 궁극적으로 하나님께 속한 이러한 자원들을 위탁받은 사람들이다. 실제 피부로 느껴지도록 설명하자면 우리는 하나님의 창조를 맡고 있는 돌봄이 혹은 청지기들에 불과하다.

이 청지기직이라는 관점에는 십일조에 대한 전통과 그 이해를 넘어서는 폭넓은 원리들이 있음을 보여준다. 매년 소출의 10%를 성전에 바쳤던 구약의 전통을 근거로, 십일조는 지금도 우리들이 하나님께 혹은 교회에 우리의 자산 중 일부를 자원해서 드리도록 제안한다. 이와는 대조적으로 청지기직은 우리에게 속해 있는 것 중 그 어떤 것도 우리의 것이 아니며 모두 다 돌려드려야 하는 것임을 상기시켜준다. 십일조는 우리가 드리는 헌금이나 헌물들을 수입에 대한 세금으로 여기게 만든다. 청지기직은 우리가 갖고 있는 소유권의 개념으로부터 우리가 자유롭게 되는 영적 훈련으로 우리를 초청한다.

2. 일은 선한 것이다. 그러므로 안식도 선한 것이다. 메노나이트들은 열심히 일하는 것이 하나님이 창조하셨던 본래 모습을 반영하는 것이라 믿는다. 장인이나 전문가들의 잘 훈련된 기술, 시인이나 음악가 등 예술가들의 창의적 표현, 부모나 농부들의 일상적인 일들은 열심히 일하는 모습의 좋은 예들이다. 일은 정직하고 건설적이며, 치유하고 화해시키며, 세상을 보다 더 아름답게 만듦으로 하나님의 선하심을 찬양하는 모습이어야 한다.

메노나이트들은 이러한 모습의 다양한 일들이 얼마든지 가능함을 알고 있다. 사무직이든 노동직이든 관계없이 모든 사람들이 농업이나 서비스업과 관련된 직종에서 관리인이나 노동자로 일한다. 우리는 생산적으로 일하는데 사용되는 창조적인 에너지를 존중한다. 그러나 동시에 메노나이트들은 전통적으로 안식일의 원리를 존중하라는 명령을 진지하게 생각한다. 과거 수 십 년 동안 어떤 메노나이트들은 율법이 말하는 대로 안식일에 쉬었듯이 그리스도인들이 주의 일일 요일에 해도 되는 일과 해서는 안 되는 일이 무엇인지 보다 정확한 규칙을 세우기도 했다.

그러나 안식일에 대한 보다 더 깊은 의미는 하나님께서 우리가 보다 더 잘 짜인 방식으로 우리의 일을 잘 관리하고 적절한 관점을 유지하기 원하신다는 것을 깨우치는 일이다. 예배를 위해 안식일을 구별하는 것은 하나님께서 우리에게 주신 모든 것 즉 재산, 재능, 욕망 등을 잘 관리해야하는 청지기직의 핵심 주제들을 우리가 잘 깨우치도록 점검하게 한다. 안식일에 쉼으로써, 그리고 우리가 안식일에 하는 활동이 무엇인지 잘 살펴봄으로써, 우리를 단순한 생산자와 소비자로 머물러 있게 만드는 우리 주변의 문화들이 어떻게 돌아가는지 온전히 증거해야 한다. 예를 들어 안식일에 쇼핑을 하지 않는 것은 소비에 굶주려 있는 우리의 모습을 통제하고 시장 경제와 구매를 탐닉하는 사회에 경종을 울려주는 메시지가 될 수 있다. 안식일에 일을 하지 않는 것은 인간들이 단순한 기계나 물질을 생산해내는 결과물 이상의 존재임을 선언하는 행위이기도 하다.

현재 메노나이트들은 50년 전에 비해 안식일에 해서는 안 되는 활동을 그다지 크게 제한하지 않는다. 그러나 여기에는 매우 심각한 문제가 하나 도사려 있다. 안식일을 자세히 관찰해보면, 예수의 제자들이 자신들이 누구인지 그리고 자신들이 누구의 소유인지 기억하였다. 의미 있는 노동을 하면서 우리는 세상을 보다 더 좋은 세상으로 만들어야 한다. 또한 의미 있는 쉼을 통해, 하나님께 영광을 드리며 우리가 하나님의 자녀로서 원래 어떤 존재였는지 기억해야 한다.

3. 단순하고 가능한 삶에 대한 감사. 남반구에 사는 우리 형제·자매들과 비교해 볼 때, 북미의 메노나이트들은 부유한 사람들이라는 말 외에 달리 표현할 방도가 없다. 비록 우리가 생산력이 뛰어난 경제활동으로 인해 엄청난 부를 소유하게 되었지만, 물질주의, 소비주의 및 제정신이 아닐 정도로 바쁜 문화 속에서 살면서 여기 저기 영적 가난으로 고통을 받고 있는 표지가 적지 않음을 발견한다. 이러한 부를 경배하는 사악한 모습에 대한 해독제로서 메노나이트들은 의식적으로 예수의 삶과 가르침에 근거한 단순한 생활양식을 추구한다. 예수님은 "들의 백합꽃이 어떻게 자라는지 보라"고 말씀하셨다. "그들은 수고도 하지 않고 길쌈도 하지 않는다. 그렇지만 온갖 영화를 누린 솔로몬도 이 꽃 하나만큼 차려입지 못하였다"마 6:28~29라고 가르치셨다. 같은 설교에서 예수님은 제자들에게 "너희는 '예' 할 때에는 '예'라는 말만하고, '아니오.' 할 때에는 '아니오.' 라는 말만 하여라"마5:37고 하시면서 언어의 사용 또한 단순 명료해야함을 가르치셨다.

메노나이트들은 단순한 삶에 대한 이러한 가르침은 아름다움을 추구하지 못하는 모습으로 나타나기도 했고 거의 율법적으로 보일 정도로 철저히 재활용을 실천하거나 검소한 삶의 모습으로 자리하기도 했다. 그러나 단순한 삶에 대한 최상의 모습은 여전히 그리스도인의 자유로운 결정에 의해 이루어지고 있다. 그리고 더 많은 재물을 축적함으로써 우리의 정체성을 삼으려는 강박적인 성향을 거절하며, 잘못된 환상에 사로잡혀 이웃에게 지지 않으려고 애쓰는 우리의 모습을 거부한다. 메노나이트 출판사에서 다른 사람들과 건강한 음식을 나누는 삶의 단순성을 가치로 삼고 만든 『적은 재료로 풍성한 식탁 만들기*More-with-Less Cookbook*』라는 요리책이 가장 잘 팔리고 있는 것은 우연이 아니다. 가난한 나라에서 일하는 메노나이트들의 폭넓은 경험은 제한된 자원들 속에서 더 적게 소비하고 하나님과 다른 사람들에게 더 많이 의존하여 살아가는 이러한 단순한 생활양식이 얼마나 삶을 풍요롭게 하는지 잘 알려주고 있다.

4. 우리는 서로 연결되어 있다. 우리가 속한 사회는 개인들에게 유익을 가져다준다는 생각과 행동에 근거한 시장 경제라는 엄청난 동력이 자리하고 있다. 비록 우리가 이 시장 경제를 있는 그대로 설명할 수는 없지만, 인간에게는 최적의 생존 본능에 반응하며 우리 주변에 있는 모든 것으로부터 유익을 얻고자 경쟁하는 성향이 있다. 하나님이 우리를 창조하셨을 때, 우리 자신의 처음 모습에 초점을 맞춤으로써, 병든 사람, 교육을 제대로 받지 못한 사람, 이민자들, 노인, 가난한 사람들 등 우리 사회의 약자들을 무시하지 않도록 하며, 우리 후대들이 물려받을 환경에 대해 경제적인 결정을 잘못내리지 않도록 만들 수 있다.

메노나이트 전통의 제자도는 경제활동에 있어서 우리 자신을 넘어선 곳을 바라보도록 우리를 초청한다. 예수의 제자들은 모든 사람들 안에 내재해 있는 하나님의 형상을 존중한다. 예수의 제자들은 자신들처럼 사회의 가장자리에 있는 이들을 포함한 모든 사람이 이러한 하나님의 형상 안에 있는 인간의 존엄을 인정한다. 사실 우리는 우리 자신을 새로운 창조 안에 두지 않는다. "내가 진정으로 말한다. 너희가 여기 내 형제자매가운데, 지극히 보잘 것 없는 사람 하나에게 한 것이 곧 내게 한 것이다."마25:40

우리는 그리스도를 통해 우리 주변의 사람들과만 연결되어 있는 것이 아니라, 우리를 청지기 삼아 위탁 관리하고 계신 땅, 물, 공기와도 연결되어 있다. 개인적인 이득을 취하려고 하나님의 창조를 파괴하거나 다음 세대에 물려주기 위해 잘 보존해야할 환경문제를 일으키는 것은 너무 뻔뻔하고 이기적인 행위이다. 그러한 태도는 그리스도의 제자들이 구속해야 할 세상이 극도로 타락했음을 반영하는 것이다.

환경을 존중하는 행위가 그리스도인들이 땅을 우상화하고 경배해야 한다거나 자연 세계 속에 우리의 존재 흔적을 남겨서는 안 된다는 의미는 아니다. 오히려 그리스도인의 청지기직과 다른 사람을 향한 사랑은 우리가 하나님께서 창조하신 세상을 어떻게 세심하게 다루는지 알아차리도록 만든다.

5. 관대한 성령. 그리스도인들은 "네게 꾸려고 하는 사람을 물리치지 마라"마 5:42는 말씀과 "부자가 하나님 나라에 들어가는 것보다 낙타가 바늘귀로 지나가는 것이 더 쉽다"19:24고 하신 예수님의 말씀이 무슨 뜻인지 해석하면서 오랫동안 논쟁해왔다. 어떤 사람은 이

말씀을 은유로 들려주신 말씀이라고 해석하거나 예수님 말씀을 들었던 1세기 팔레스타인 사람들에게만 해당된다고 주장하였다. 어떤 사람들은 이 가르침을 우리가 얼마나 하나님을 신뢰하는지를 표현해 내기 위한 자발적 가난으로 해석하기도 한다. 메노나이트들은 이 말씀을 해석하는데 서로 다른 견해를 갖고 있다. 그러나 최소한 그리스도인들이 궁극적으로 자신들의 신뢰를 재산이 아닌 하나님께 두어야 한다는 점에 모두가 동의한다. 이 세상에 살면서 우리는 종종 불평어린 모습으로 재산을 포기한다. 때로는 자선단체에 기부를 하지 않으면 안 될 것 같은 죄의식을 갖거나 겉으로는 그렇지 않지만 의무적으로나마 부의 재분배를 통해 세금을 감면받는 모습으로 재산을 포기한다. 이와는 반대로, 그리스도의 길을 따르는 제자들은 자신들의 재산을 후하게 나누어주며, 기꺼운 마음으로 혹은 우리가 하나님으로부터 거저 받았기 때문에 거저 준다.

  여기에서 다시 살펴보아야 할 점은 자비의 원칙이 얼마나 많은 재물을 우리가 나누고, 얼마나 많은 재물을 어떻게 간직하는가에 대한 정확한 규칙이나 명부가 아닌 자유로운 태도이다. 진정한 관대함은 기쁨과 신뢰의 정신으로부터 자연스럽게 발현된다. 그러나 동시에 메노나이트들은 이러한 태도들이 구체적인 행동으로 표현되어야만 한다고 생각한다. 예수님이 이런 말씀을 하신 적이 있다. "많이 받은 사람에게는 많은 것을 요구하고, 많이 맡긴 사람에게는 많은 것을 요청한다."눅12:48

요약

메노나이트 전통에 있어서 제자도는 의식적으로 재물에 대한 책임을 받아들인다. 동시에 제자도는 영적인 훈련을 끊임없이 개척하면서 인간을 한낱 소비자나 생산자로 바라보도록 하는 우리 문화의 불합리한 압력들에 대해 정면 도전한다. 우리는 하나님의 풍성한 축복인 재물을 관리하는 순전한 청지기들임을 인정한다. 이는 우리가 주인이 아니라는 의미다. 메노나이트들은 의미 있는 일을 기뻐한다. 이들은 후하게 베푸는 관대함이 몸에 배도록 살아가기 원한다. 그들의 삶의 방식은 단순하다. 그리고 이러한 모든 것이 하나님께 감사하는 행위로 기쁘게 표현하는 가운데 주변의 세상과 긴밀한 관계성을 가져야할 필요성을 인정한다.

8. 제자도로서의 믿음:
메노나이트 전통 속에서의 실행예식 2

우리 몸: 신뢰와 충성스런 헌신

인간의 노동과 생산성을 산출해 내는 창의적인 충동 못지않게 인간의 몸은 하나님의 선물로서 자연적인 욕구, 갈망, 필요 등 모든 것을 느낀다. 창세기에 기록된 아름다운 시어는 땅의 흙 즉 먼지로부터 형성된 우리의 죽을 몸에 하나님께서 살아있는 생령, 곧 숨을 불어넣어주셔서 생명을 갖게 되었다고 설명한다.창2:7 그러기에 우리 안에는 하나님의 형상이 들어있으며, 하나님께서 "좋구나!"라고 감탄하신 그 창조의 아름다움이 내재되어 있다.창1:26~31

창조된 본성에는 무엇이든 선택할 수 있는 자유가 있다. 이는 우리가 정말로 유일무이한 존재 즉 그 누구와도 같지 않은 존재임을 의미하며, 하나님과 다른 사람들과 구별되는 자유로운 존재임을 의미한다. 그러나 동시에 우리는 하나님과 다른 사람과 함께 친밀한 교제를 갈망하는 존재임을 의미한다. 그러므로 우리는 이 두 긴장 속에서 살아가는 존재이다. 영적인 존재로서 우리는 하나님의 형상을 소유한 다른 사람들과 인간의 존엄성을 인정하는 가운데 서로 연합해야 한다. 동시에 우리는 모두 개성이 강한 존재로서 비록 죽을 운명이지만 자신만의 몸을 돌보며 신체적으로 건강하고자 하는 열망을 갖고 있다. 그 의미가 어떻든지 우리는 고유한 행동양식으로 우리 스스로를 보호하고 방어한다. 그러나 하나님의 형상을 담지한 창조물로서 우리가 갖고 있는 영적인 정체성과 비교해 볼 때, 최소한 이 땅에서 보내는 인생이 별것 아니라는 사실 또한 어렴풋하게나마 인식하고 있다.

  기독교 역사의 대부분은 인간의 영과 육이라는 이분법적 인식 사이에서 끊임없이 전쟁을 치러왔다. 이러한 이분법적 인식에 근거하여 그리스도인들은 인간의 육적인 욕구를 충족시키는 것에 대해 의심의 눈초리를 보냈다. 수많은 그리스도인이 몸을 영이 잠시 머무르는 감옥과 같은 것으로 이해하였다. 결국 우리의 몸은 신체적인 취향과 열정의 근원으로서 우리의 영적 비전을 흐리게 하며 그리스도인의 여정을 걷기 어렵게 만드는 원인이라 여겨지기도 했다. 그 결과 우리의 육체는 강한 의지와 가혹한 훈련을 통해 쳐서 복종시켜야 만하는 대상이 되었다. 이러한 인식은 부활절 이전에 사순절을 제정하도록 만들었고, 그리스도인 특히 가톨릭 신자들이 종종 금욕을 실천하는 배경이 되기도 하였다. 사순절에 우리는 의식적으로 육체적 욕망을 포기함으로써 인간의 자제력과 신의 도움을 힘입어 몸을 단련시키기도 한다. 이러한 태도의 가장 극단적인 형태가 금욕주의 전통인데 이들은 육체의 쾌락을 부정하고 그리스도인의 훈련에 집착한다.

이와 정반대의 극단주의가 이 시대 문화가 추구하는 쾌락주의 신체적 쾌락 그 자체를 인생의 목적으로 여기고 추구함다. 우리 문화에 드러난 쾌락주의는 소비주의 양상을 띠고 있으며 특히 음식, 술, 혹은 다양한 오락으로 표현되고 있다. 이러한 쾌락주의는 건강을 해치는 모습으로 드러나기도 한다. 쾌락주의는 또한 우리를 무모하리만큼 불가능한 모습들을 병적으로 추구하게 만든다. 극단적인 다이어트, 각종 운동과 건강보조 식품들을 동원해가며 다른 사람들에게 매력적인 자신의 모습을 보여주기 위해 완벽한 몸매를 추구하도록 이끌기도 한다. 그리고 이러한 모든 것 배후에는 성적인 욕망이 꿈틀거리고 있다. 끊임없이 쏟아지는 광고, 시트콤, 멜로드라마, 영화, 인터넷 사이트들이 친밀감을 제공하고 신체적 쾌락을 언급해가며 우리의 성적 욕망들을 만족시켜줄 것처럼 유혹하고 있다. 우리의 몸에 집착하는 이러한 강렬한 문화 속에서, 우리 몸에 대해 연민을 갖는 낙태, 동성애권리, 인공수정, 안락사와 같은 주제로 열띤 토론을 진행하는 것은 그리 놀랄 바가 못 된다.

메노나이트들은 일반적으로 몸에 대해 그리 많은 관심을 갖지 않는다. 그나마 관심이 있다면 금욕주의적인 목적과 관련되어 있거나 오히려 그리스도인의 제자도라는 좁은 길을 따라 가는 방법으로 개인적인 윤리나 쾌락주의에 미심쩍어 하는 모습과 연관이 있을 것이다. 메노나이트들이 몸과 관련된 이슈로 말을 한다면, 제자도라는 보다 더 큰 틀에서 이루어질 것이다.

1. 몸에 대한 청지기직. 바울의 기록에 따르면 우리 몸은 "성령이 거하시는 전"고전 6:19이다. 우리는 우리 몸에 거하시는 성령 안에서 말하며 산다. 그러나 만약 우리의 신체적인 존재보다 영적인 존재를 발견하는 가운데 우리의 정체성을 보다 깊이 생각한다면, 여전히 우리는 우리의 몸을 귀하게 여겨야 한다. 이것은 그리스도의 제자들이 자신의 건강한 몸을 위해 세심한 주의를 기울여야 하며, 주변 사람의 몸도 소중히 여겨야 한다는 의미이다. 예를 들어, 메노나이트들은 가난한 사람들에게 먹을 것을 주며, 궁핍한 자에게 입을 것과 거주할 곳을 마련해 준다. 일반적으로 메노나이트들은 마약을 하거나 담배를 피우는 것을 하나님께서 우리에게 위임한 몸을 망가뜨리는 행위로 간주한다. 술을 마시는 것은 절제가 필요한 덕목이며 술 중독에 빠지지 않도록 깨어있어야 한다고 믿는다.

메노나이트들 중에 건강한 식생활, 정기적인 운동 및 스트레스 관리 등 건강과 관련된 그룹들이 생겨나 자신들의 몸에 대한 청지기로서의 책임을 그 어느 때보다 강조하고 있다. 이러한 모든 삶은 우리 몸을 잘 지켜야하는 청지기로서 하나님 및 세상과 소통하는 방식이며, 우리 몸을 좀 더 진지하고 존중함으로써 잘 돌보아야할 책임을 부과하고 있다.

2. 헌신이라는 맥락에서 친밀감을 기뻐함. 인간의 본질적인 모습

중 하나는 다른 사람들과 함께 연결되기 원하는 깊은 열망을 갖고 있다는 점이다. 이는 자신의 존재를 다른 사람들에게 드러내고자 하는 욕구이다. 친밀감은 아주 귀한 선물이다. 이는 우리의 신체, 감정, 영적인 친밀감이 신뢰와 더불어 깨어지기 쉬운 관계에 의존하기 때문에 매우 위험스러우면서도 소중하다. 내면의 욕구, 자신의 흠과 약점, 희망과 꿈, 신체적 상황 등 우리 자신을 드러내는 것은 다른 사람들이 이를 가지고 힘을 행사하는 모습으로 변할 때, 엄청난 고통으로 전환된다.

남편과 아내의 친밀감 혹은 교회 안의 소그룹이 나누는 친밀감은 하나님께 대한 헌신이 전제되어야 한다. 그리스도인들의 제자도는 하나님과의 친밀감을 통해 경험되기 때문에, 그리고 우리의 연약함과 결점에도 불구하고 사랑하고 사랑받는다는 의미를 알기에, 우리는 서로를 향한 신뢰와 깨어지기 쉬운 것을 알면서도 친밀한 관계로 들어간다. 다른 사람들과 함께 친밀한 관계를 갖고 서로에게 헌신하고자 하는 이유는 이러한 친밀감을 갖는 것이 곧 그리스도에 대한 헌신과 연결되어 있기 때문이다 .

3. 성적인 친밀감은 한 남자와 한 여자의 결혼 안에서 이루어져야 한다. 인간을 단지 하나의 육체로 바라보는 문화와 풍조는 친밀감을 육체적인 성관계로 축소시키는 경향이 짙다. 기독교 관점에서 친밀감이란 성행위를 하는 것 이상이다. 그러나 동시에 하나님께서 우리를 남녀라는 성적 존재로 만드셨고, 우리에게 출산과 성애의 기쁨이라는

선물을 주셨다. 메노나이트들은 성이 하나님 창조의 선한 영역에 속해있다고 믿는다. 그러나 신체적 벌거벗음과 성행위를 나누면서 느끼는 최고의 친밀감은 남자와 여자가 서로 인생에 온전히 헌신하겠다는 맥락 안에서만 그 진가가 발휘된다. 물론 메노나이트 교회에 출석하는 사람들이 혼외정사로 문제를 일으키는 경우도 없지는 않다. 그리고 그러한 행동의 결과로 빚어지는 임신, 수치심, 깨어진 신뢰가 인생 전반에 영향을 끼쳐 정죄함을 넘어 연민의 정을 불러일으키는 경우도 있다. 그러나 동시에 교회는 사람들이 그 어떤 부정적인 결과와 상관없이 일시적으로 성관계를 가져도 좋다는 통속적인 환상을 잘못된 것으로 여겨야 한다. 그렇다고 교회의 반응이 청교도적 규칙을 부과하는 모습이 되어서는 안 된다. 오히려 신뢰와 헌신이적인 관계 속에서 이루어지는 성적인 친밀감은 귀한 선물임을 선언해야 한다.

4. 동성애. 다른 교단들처럼, 메노나이트 교회도 최근 동성애와 관련된 다양한 주제들을 놓고 지난한 토론을 벌이고 있다. 비록 소수의 목소리들이 교회에 동성결혼을 축복하라고 요청하고 있지만, 대부분 메노나이트들은 남자와 여자 사이의 결혼 제도가 지켜져야 하며, 동성애자의 독신의 삶을 살도록 하는 전통적 가르침을 지지하는 입장이다. 그러나 메노나이트 교회는 전체 문화에 걸쳐 존재하는 동성애 혐오 입장은 비난하며 동성애 성향을 가진 사람들이 지역 회중의 멤버로 받아들여져야 한다고 제안한다.

5. 가족은 축복이며, 독신을 인정함. 전통적으로 메노나이트들은 대가족제도를 이루어 살아왔으며, 낯선 사람이 불편할 정도로 족보를 따져가며 대화를 시작하곤 한다. 메노나이트들은 어린이들을 하나님이 주신 축복이라 믿으며 가족을 존귀하게 여기면서 그리스도의 방식으로 아이들을 양육한다. 가족은 아이들이 영적으로 자라도록 하는데 결정적인 역할을 한다.

그러나 동시에 교회는 상황과 선택에 따라 어떤 사람들은 독신으로 살아간다는 사실도 인정한다. 결혼이 축복이요 부르심인 것처럼 독신으로 살아가는 삶의 방식 역시 회중 안에서 매우 중요하게 여겨야 하는 동일한 부르심이다. 실제로 사도바울은 제자로서 더 올바른 삶을 살기 위해 결혼하지 않고 홀로 사는 이들을 존중하였고 이러한 사람들은 자신들의 삶을 기뻐하였다.고전7장

아마도 결혼과 독신이라는 주제에 있어서 메노나이트들이 기여한 가장 독특한 점은 생물학적 가족이나 친척보다 교회를 일차적으로 여긴다는 점이다. 메노나이트 회중에 속한 멤버들은 서로를 형제·자매라고 부르는 경우가 많다. 예배를 드릴 때 남자들 따로 여자들 따로 앉는 문화가 사라지면서 함께 형제·자매로 부르는 호칭 또한 사라져가고 있기는 하지만, 이러한 서로에 대한 호칭은 신자들로서 우리가 특정한 가족의 구성원으로서 갖는 정체성보다 더 본질적인 정체성이 존재한다는 사실을 상기시켜준다. 예수는 불편할 정도로 분명하게 이 점을 반복하여 이야기 하셨다. "나보다 아버지나 어머니를 더 사랑하는 사람은 내게 적합하지 않고, 나보다 아들이나 딸을 더 사

랑하는 사람도 내게 적합하지 않다."마10:37 이것은 가족이 짐이 된다는 의미가 아니라, 새로운 창조를 기대하는 삶의 부분이 우리가 생물학적으로 맺은 친족 관계의 편안한 영역을 넘어선 새로운 관계로 나아가야 함을 의미한다. 그리스도안의 형제 · 자매로서 회중은 자신의 시간, 물질, 사랑, 에너지를 생물학적 가족에게 사용하는 것 못지않게 사용해야 한다.

권력: 사랑, 비폭력, 섬김을 향한 헌신

메노나이트들이 이해하는 제자도와 새창조의 핵심에는 복음서에 들어있는 사랑과 섬김이라는 그리스도의 가르침이 놓여있다. 산상수훈마5~7장은 청중들에게 정의, 상식 혹은 황금률마7:12을 따라 사는 도덕적 삶의 유형을 요청한다. 메노나이트 신학의 독특성은 모든 사람들과의 관계에 있어서 이러한 사랑을 드러내도록 헌신하라는 아주 분명한 메시지를 담고 있다.

복음서들은 예수께서 그의 전 생애에 걸쳐 제자들에게 너무나도 분명하고 자명한 사회적 지위, 권력, 안전, 성공에 대해 그들이 갖고 있는 가정들을 통째로 다시 생각해보라고 주문하고 있음을 생생하게 보고하고 있다. 하나님에 의해 축복을 받은 사람들은 권력자, 부자, 강자가 아니라, 영적으로 가난한 자, 약한 자, 마음이 청결한 자, 자비를 베푸는 자라고 가르쳤다.마5장 새로운 삶의 방식에는 "첫째가 꼴찌가 되고 꼴찌가 첫째가 되는 사람이 많게"마10:31 되었다. 이러한 왕국에 들어가려면 우리는 어린 아이처럼 되어야 한다. 만약 우리가 이러한 왕국에서 큰 사람이 되려면, 먼저 섬기는 사람이 되어야 한다고 말씀하였다. 만약 우리가 우리의 생명을 보존하려면, 그 생명을 아끼지 말아야 한다고 가르치셨다.

아마도 원수를 사랑하라는 그리스도의 훈계보다 우리에게 새로운 방향을 제시하는 근본적인 가르침은 없을 것이다.마5:44; 눅 6:27,35; 참조 롬12:17~21 물론 이 말씀은 우리의 관심사를 변호하고, 우리를 위협하는 사람들을 처벌하고, 선과 악에 분명한 경계선을 긋고, 악한 사람에게는 그들이 행한 대로 되돌려주어야 한다는 우리의 주장보다 훨씬 더 논리적인 것처럼 보인다. 그러나 산상수훈에서 예수께서는 당신을 사랑하는 사람만 사랑하는 것은 아무런 의미가 없다는 점을 분명히 하셨다. 우리의 이웃들에게만, 혹은 우리와 기본적인 가치를 공유하는 사람들만 사랑하는 것은 하나님 나라의 부르심이라고 볼 수 없다. 실제로 정의를 주창하면서 폭력을 옹호하는 주장은 제 아무리 기독교적이라 할지라도 아무런 의미가 없다. 정당한 전쟁 이론은 공평성과 정의와 같은 원리들이 무엇인지 다시금 상기시켜준다. 사실 정당한 전쟁을 말하는 사람들에게 이러한 원리들은 우리들이 복음을 말할 때 그다지 필요한 내용이 아니다. 우리들이 사랑을 받을 가치가 없음에도 불구하고 하나님께서 우리를 사랑하셨다는 엄청난 사실, 그래서 삶을 송두리째 변화시키는 복음으로 나아가는 데는 그다지 중요하지 않다고 가르친다. 그리스도는 그의 제자들에게 자신들을 핍박하고 박해하는 사람들 즉 원수들까지 사랑하라고 가르치셨다. "너희 원수를 사랑하고, 너희를 박해하는 사람을 위하여 기도하여라.

그래야만 너희가 하늘에 계신 너희 아버지의 자녀가 될 것이다."마태복음 5:44,45

　　　　메노나이트들은 예수가 무기력하고 능력이 없어서 자신의 권위를 포기했다는 식으로 성경을 해석하지 않는다. 기독교 평화주의는 수동적으로 움츠려드는 사람으로 사람을 초대하는 초청장이 아니다. 오히려 예수는 권력에 대한 사람들의 정의가 잘못되었다고 지적하였다. 바울이 그의 편지에서 반복적으로 선언한 것처럼 십자가와 부활은 "내 은혜가 네게 족하다. 내 능력은 약한 데서 완전하게 된다."는 식의 능력이다. 고후12:9

　　　　보다 중요한 것은 십자가가 이야기의 끝이 아니라는 점이다. 실제로 그리스도인들에게 십자가는 이야기의 시작점에 불과하다. 십자가에 뒤이어 나오는 부활 안에서 하나님은 죽음과 폭력이 끝이 아님을 보여주심으로써 모든 것을 분명하게 하신다. 우리가 언제 죽을지 모르며 죽으면 모든 것이 끝이라는 두려운 생각은 타락한 세상에 깊이 뿌리 내리고 있는 사상임이 증명되었다. 예수의 부활 안에서 그리스도인들은 생명과 사랑은 폭력과 죽음보다 더 강하고 놀라운 것임을 선포한다.

1. 평화의 복음은 은혜에 깊이 뿌리박고 있다.

　　　사랑과 비폭력의 윤리에 대한 메노나이트들의 헌신은 아주 단순하면서도 심오한 믿음으로 자리하여 이미 전 세계의 기독교 교회가 함께 공유하고 있다. 비록 우리가 이렇다 할 장점이 없고, 하나님의 사랑을 받을 자격이 없지만, 하나님은 우리를 사랑하신다. "그러나 우리가 아직 죄인이었을 때에, 그리스도께서 우리를 위하여 죽으셨습니다."롬5:8 그리고 바울은 몇 절 뒤에 아주 놀라운 통찰력으로 이렇게 기록한다. "우리가 하나님의 원수일 때에도 하나님의 아들의 죽으심으로 말미암아 하나님과 화해하게 되었습니다."롬5:10 이곳에서 말하려고 하는 점, 즉 하나님께서 우리를 먼저 사랑하셨다는 점은 아주 분명하면서도 매우 중요하다. 우리가 여전히 하나님을 거스르고 있는 중에도 하나님은 우리를 사랑하신다. 우리가 여전히 하나님을 거역하는 중에라도 하나님은 마치 우리의 행동은 안중에도 없는 듯이 우리를 사랑하신다. 이처럼 메노나이트들이 원수를 사랑하는 것은 그것이 영웅적인 행동이기 때문이거나 혹은 그렇게 해야 하나님의 환심을 살 수 있기 때문이 아니다. 오히려 우리가 평화의 복음에 헌신하는 이유는 이것이 바로 하나님께서 우리를 대하신 가장 정확한 모습이기 때문이다. 그리스도인이란 일상 속에서 하나님이 우리에게 하신 것처럼 다른 사람들을 대함으로써 이러한 하나님의 사랑을 능력 있게 증거하는 사람들이다.

그리스도인들은 예수께서 가신 길을 따라 걷는 제자들이기 때문에, 이러한 놀라운 실천은 기독교 윤리와 선교의 기본으로 자리한다. 우리는 사랑을 받을 자격이 없는 사람들, 우리가 원수라고 생각하는 사람들을 포용하는 만큼까지만 하나님의 용서하는 사랑과 하나님의 은혜를 증거할 수 있다.

폭력 반대, 전쟁 거부, 불의 거부 등과 같이 비폭력의 원리는 너무나 자주 부정적인 용어로 표현된다. 압제정치의 논리로 형성된 세상 속에서, 그리스도인들이 이에 맞서는 것은 불가피한 일이다. 그러나 메노나이트들의 마음속에 있는 평화에 대한 증거는 심오하고, 따뜻하면서도 즐거운 긍정에 근거한다. 나는 원수들을 사랑하도록 부름을 받았다. 왜냐하면 원수를 사랑하는 일이 바로 하나님께서 나에게 하신 일이기 때문이다. 내가 동일한 은혜를 다른 사람에게 끼치기 전까지 나는 "나 같은 죄인 살리신"이라는 찬송을 제대로 부를 수 없다. 왜냐하면 이 은혜는 그 사랑과 은혜를 받을 가치가 없는 사람들이라 여기는 나의 원수들의 죄보다도 더 크기 때문이다.

2. 평화의 복음은 영적이지도 정치적이지도 않다.

기독교 평화건설이라는 이상을 실천하려는 길을 모색하면서 자주 듣는 이야기지만, 그리스도인들은 평화의 복음을 별로 급진적이지도 않고 대항 문화적이지도 못한 모습으로 바꾸어 놓았다. 예를 들어 어떤 그리스도인은 평화를 지극히 개인적이고 영적인 용어로만 설명한다. 예수가 평화에 대해 설교할 때, 예수가 말씀하신 것은 그리스도인들이 하나님과 화해함으로써 기쁨을 누리는 것을 의미한다고 주장한다. 이 평화는 마음의 평화로 매일 사람들이 겪는 일상의 인간관계에서 분리된 내적 평화를 의미한다. 사실 어떤 사람들은 외부적인 공포와 전쟁의 폭력에 참여하는 그리스도인들에게 정말로 필요한 것이 바로 내적 평화라고 이야기하기도 한다.

마음속의 감정과 손으로 하는 행위 사이에서 드러나는 이러한 차이는 예수의 말씀과 신약의 가르침에 정면으로 배치된다. 예수는 "나의 이 말을 듣고서도 그대로 행하지 않는 사람은, 모래 위에 자기 집을 지은, 어리석은 사람과 같다"마7:26고 말씀하셨다.

한편 평화의 복음을 단지 평화주의를 실현하기 위한 정치적 전략으로 여겨 사람들에게 감흥과 동기를 불러일으키는 언어로 이해하는 그리스도인들도 존재한다. 이들은 특정한 정당을 이끌기 위한 발판으로 평화의 복음을 이용한다. 여기에는 특정한 정치적 사건을 옹호하는 예수를 이용하고자 하는 유혹이 도사리고 있으며 이러한 사람들은 공적인 장소나 환경에서 난처해지지 않으려고 회심과 부활의 언어를 사용하지 않는다.

일반적으로 메노나이트들은 이러한 서로 다른 경향을 모두 거절한다. 평화의 복음은 단지 마음을 따뜻하게 해주는 영적인 감성 그 이상이다. 그러나 동시에 평화의 복음은 특정한 정치적 목표를 이루기 위해 국제 관계나 외교수단으로 사용하는 전략 그 이상이다.

3. 평화의 복음은 영적이면서 동시에 정치적이다.

위에서 내가 설명한 것을 기억한다면 솔직히 나의 말은 앞뒤가 맞지 않는 모순처럼 들릴 것이다. 그러나 그 차이를 아는 것은 매우 중요하다. 메노나이트들의 평화건설에 대한 이해는 그리스도를 통해 세상을 사랑하셨던 하나님의 행동에 그 토대를 두고 있다는 점에서 매우 영적이다. 메노나이트 평화 건설은 폭력과 죽음을 이기신 부활의 능력에 토대를 두고 있다. 화해와 평화 건설을 주장함에 있어서 메노나이트들은 우리가 특별한 결과를 얻기에 가장 정치적으로 좋은 수단이라고 생각하기 때문에 그렇게 하는 것이 아니다. 사실 공격적인 사람이나 국가 앞에서 비폭력적으로 대응한다고 좋은 결과가 보장되는 것은 전혀 아니다. 특별히 단기적인 결과를 얻고자 할 때 더 그렇다. 어떻든 메노나이트들은 영적인 실재가 어떤 순간에 공격적이 되는 것보다 더 깊고, 진실하며 실제적으로 작동한다고 믿는다. 그리고 우리는 원한에 대해 사랑으로 반응하며, 악한 사람이 사용한 동일한 방식으로 악으로 갚지 않는 그리스도의 방식을 따라 제자의 길을 걷는다. 이러한 행동은 깊은 영성을 필요로 한다. 순교자들이 죽을 때 그들의 반응은 정치적인 슬로건을 외치는 모습이 아니라, 복음의 좋은 소식을 외치며, 그들의 신앙을 고백하며, 하나님을 찬양하는 모습이었다.

그러나 동시에 평화의 복음은 폭력과 악을 추구하는 세상을 회피하지 않고 적극적으로 관여한다는 점에서 매우 정치적이다. 메노나이트들이 이해하는 평화의 복음은 악의 영향력에서 도망치거나 회피하는 수동적인 모습이 아니다. 결국, 예수는 하나님의 "왕국"을 선포하심으로 이 세상의 정사와 권세에 맞섰다. 그리고 예수를 "주"로 인정하는 제자들 또한 강한 정치적인 색채를 띤 언어를 사용하여 정사와 권세에 맞섰다. 또한 예수에게서 정치적인 위협을 느꼈을 때 로마 당국이나 유대 권세자들은 그를 죽이기로 모의하였다. 그들의 두려움은 정치적이 두려움이었고, 예수는 그를 왕이라고 규정하고 그를 잡아 죽이려 하는 모습에 아무런 대응을 하지 않으셨다. 그러나 그의

"정치적"활동의 본질은 제자들을 포함하여 그 주변에 있는 사람들을 당황하게 만들었다. 예수는 수도인 예루살렘에 나귀를 타고 입성하였다. 겟세마네 동산에서 예수를 체포하려 했을 때 베드로가 저항하자, 예수는 그에게 칼을 거두라고 명령하셨다. 뿐만 아니라 베드로에 의해 귀가 잘린 사람을 치료해 주셨다. 잘못된 송사와 거짓된 재판과 잘못된 신념을 무찌르기 위해 하늘의 싸움천사들을 내려 보낼 수도 있었지만, 그렇게 하는 대신에 예수는 하나님께 "저 사람들을 용서하여 주십시오. 저 사람들은 자기네가 무슨 일을 하는지를 알지 못합니다." 눅 23:34라고 부탁드렸다. 이것이 바로 예수께서 보여주신 정치적 행동이다.

메노나이트들은 전통적으로 시 당국의 권위를 존중했고, 평화롭게 공존할 수 있는 방법을 적극적으로 추구하였다. 그러나 평화의 복음에 대한 그들의 이해가 당국과 갈등을 빚게 되자, 그들은 민주적인 방법으로 정치적인 대화를 하는 대신 폭력적으로 대응하는 사람들과 자신들을 분리시켜 보다 더 나은 방식으로 복음을 증거할 방법을 찾았다.

4. 예수가 주님이시다: 국가에 대한 제한된 충성

메노나이트들은 자신들이 사는 나라에 대해 감사한다. 우리는 국가가 표현의 자유를 준 것을 함께 축하하고, 국가에 속해 있는 땅과 아름다운 자연을 기뻐한다. 그러나 메노나이트들은 그리스도인들이 외치는 "하나님이 미국을 축복하신다God bless America"라는 구호를 들을 때 진저리를 친다. 메노나이트들이 그렇게 하는 이유는 하나님이 미국에 대해 냉담하시기 때문이 아니라, 그렇게 구호를 외치는 것이 너무나 쉽게 하나님을 우리 입맛에 맞는 모습으로 변화시키고 하나님을 온 세상의 여러 사람들 돌보시는 분이 아닌 그저 우리만을 돌보시는 모습으로 바꾸어 놓기 때문이다. 평화의 복음은 예수가 온 세상의 주님이시라는 사실을 깨우쳐주며, 그리스도의 몸에 대한 우리의 충성이 국가에 대한 충성에 우선한다는 사실을 알게 해준다. 이러한 우선순위는 존 옥슨햄John Oxenham이 작곡한 "주 예수 안에 동서나 남북이 합하여 주 예수 사랑 안에서 다 하나 되도다"라는 익숙한 찬송의 내용을 진지하게 살아내도록 요청한다.

5. 끊임없이 조화롭게 생명을 사랑함

이러한 주제로 정부를 향해 어떻게 이야기해야 하는지에 대해 모든 메노나이트들이 일치하는 것은 아니다. 그러나 압도적으로 많은 사람이 개인적인 선택에 있어서 낙태를 반대한다. 수정체가 정확히 언제 인간이 되는지에 대한 논쟁에 대해서는 비켜서면서도 대부분의 메노나이트들은 하나님의 귀한 선물로서 생명을 존귀하게 여기는 자신들의 헌신과 낙태는 서로 배치된다고 본다. 한편 메노나이트들은 사형제도에 대해서는 다소간 애매한 입장을 보이지만 여전히 많은 사람이 사형 제도를 강력히 반대한다. 그러나 어떤 사람들은 로마서 13장에 기록되어 있는 것처럼 선을 지키고 악을 징벌하기 위해서 국가가 불가피하게 치명적 폭력을 사용해야 할 때가 있다고 주장한다. 국가는 시민들을 훈련시킨 후 전쟁이 일어날 때면 사람을 죽이는 타락한 세상의 부분이기 때문이다. 어쨌든 그리스도인의 증언은 항상 하나님의 넘치는 사랑을 향해 움직여야 하고, 인간의 생명을 존귀하게 여기는 방향으로 나아가야 한다.

6. 평화의 복음에 대한 표현으로써 섬김과 봉사

아마도 메노나이트들이 '평화의 복음'이라는 원리들을 살아내려는 시도들 중 섬김의 영역을 끊임없이 개발하는 모습은 변함이 없다. 섬김에 대한 이들의 이해는 다양한 프로그램을 통해 잘 드러난다. 이러한 많은 프로그램들을 통해 젊은이들은 자신의 삶에 부여된 소명이 무엇인지 분명히 배우기도 한다. 이러한 프로그램이 제공하는 섬김과 봉사 기회는 지역에서부터 전 세계에 걸쳐 제공되며, 도시 재개발, 청년 사역, 의료봉사 등 상상하기 힘들 정도로 그 폭이 넓다. 어떤 봉사 프로그램은 자기 스스로 선교적 사명을 갖고 임해야 한다. 또 다른 프로그램들은 그리스도의 이름으로 수행하지만, 기독교 신앙을 드러내지 않는 모습으로 진행되기도 한다. 그러나 상황이 어떻든지 그리스도인의 섬김은 인간의 필요와 고통이 있는 지역으로 언제든지 달려갈 마음을 갖고 임해야 하며, 도움이 필요한 사람에게 손을 내밀어 그리스도의 빛을 비추어 주어야 한다. 그리스도인의 섬김은 겸손의 자세를 당연한 것으로 생각하며 실천해야 한다. 왜냐하면 섬김은 사람들이 살고 있는 현장에서 사람들을 만나면서 이루어지기 때문이다. 변화는 불가피하게 쌍방에게 일어난다. 다른 사람을 섬기면서, 우리는 그리스도를 만나고, 우리 또한 도움을 받는 사람들에 의해 섬김을 받는다.

요약: 부활의 삶을 살다

'그리스도의 수난」이라는 영화에서, 감독이자 배우인 멜 깁슨은 예수가 고통 받는 시작부터 십자가에 달려 죽기까지 마지막 몇 시간을 구체적이고도 생생하게 그려냈다. 영화를 본 사람들은 모두 모진 고통을 받으며 십자가에 달려 천천히 죽어가는 예수의 모습을 보면서 인간이 취할 수 있는 잔인함과, 순전한 고통이 무엇인지 온몸으로 느껴야 했다. 이러한 관점에서 볼 때, 메노나이트는 이 영화를 보면서 제자도의 길이 얼마나 어려운가를 진지하게 생각해야 했다. 예수는 군대를 동원하여 혁명을 일으키지 않았음에도 불구하고, 예수의 삶과 가르침은 로마정부와 유대인들의 신경을 자극하기에 충분했다. 예수를 따랐던 사람들은 주변 문화로부터 강한 저항에 부딪히는 것에 대해 그리 놀라지 않았다. 바울이 기록한 것처럼, 우리도 "세례를 통하여 그의 죽으심과 연합함으로써 그와 함께 묻히는" 것이다.롬6:4

영화에서는 그다지 명확히 묘사되지 않았지만, 그리스도의 수난의 이야기 속에 바로 부활이 자리한다. 메노나이트들에게 부활절 이야기의 진정한 핵심은 그리스도의 섬뜩하고 고통스런 죽음에 있지 않다. 오히려 부활절은 폭력과 죽음이 마지막 말이 아니라는 사실을 기뻐하는 절기이다. 결국 그리스도인들은 부활하신 그리스도 즉 부활후의 삶을 살아가는 사람들이다. 우리는 그리스도에 의해 구속되었다. 하나님 사랑의 능력에 의해 변화를 받고, 부활의 능력과 더불어 살아가도록 부름을 받았다. 정확하게 말하자면 부활 때문에, 우리는 그리스도를 죽음으로 인도한 폭력의 논리와는 전혀 다른 실제 삶을 증거하며 사는 것이다.

평화라는 복음의 빛을 부여잡은 그리스도인들은 세상에 존재하는 폭력의 어두움에 빛을 밝혀, 어두움이 빛을 이기지 못함을 증거하는 사람들이다. 평화의 복음은 부활이 십자가를 넘어선 승리를 가져다준다는 사실을 선포한다. 평화의 복음은 그리스도의 몸에 충성을 다하는 것이 이 세상의 국가나 정부에 충성하는 것에 우선해야 함을 선포한다. 그리고 평화의 복음은 역사가 궁극적으로 "힘으로도 되지 않고, 권력으로도 되지 않으며, 오직 살아계신 하나님의 성령으로만 될 것"을 선언한다.슥4:6

9. 제자도로서의 믿음: 비판과 지속적인 질문들

　　메노나이트들은 그리스도인의 신앙의 총체적 부분으로서 제자도를 강조한다는 점에서는 그다지 특별하지 않다. 가톨릭에 속해 있든 프로테스탄트에 속해 있든 모든 기독교 그룹들은 동일하게 윤리적 행위와 믿음이 서로 연관되어 있다고 가르친다. 그러나 메노나이트들은 이 세상에서 그리스도인의 삶이 질적으로 다르다는 사실을 언급한다. 일반적으로 말해 신자들의 삶은 이 사회와 분명히 구분되는 삶의 방식이어야 한다고 믿는다. 아나뱁티스트들의 이러한 확실한 주장은 16세기 많은 사람을 모욕하는 말로 들렸고, 현재의 많은 그리스도인에게도 불편하게 들린다.

완전주의의 문제

비평가들이 말하는 것처럼 메노나이트들이 강조하는 실천적인 제자도는 좋은 것이며, 칭찬할 만하다. 그러나 어떤 사람의 믿음이 행동으로 드러나야 한다는 이러한 관심사 이면에는 그리스도인들은 실제로 그리스도의 표준에 맞게 살아갈 수 있다는 위험스런 가정이 깔려있다. 그러나 우리가 경험을 통해 알 수 있듯이, 가장 신실한 그리스도인조차도 여전히 그리스도께서 산상수훈에서 요구한 완벽한 그림과는 거리가 멀다. 그들의 수준 높은 이상들을 생각한다면, 메노나이트들은 예수의 가르침을 문자적으로 따르지 않는다는 진리에 도달하게 된다. 그들 중 어느 누구도 "하늘에 계신 아버지께서 온전하신 것처럼 너희도 온전하라."마5:48는 예수의 명령을 문자적으로 따르는 사람은 없다.

16세기에 이미 루터는 그리스도인이 "의인인 동시에 죄인 simul justus et peccator"이라는 표현을 통해 그리스도인의 삶에 존재하는 근본적 딜레마를 인식하였다. 다른 말로 표현하자면, 우리가 세례를 받고 의식적으로 예수를 따르기 원한다고 해서 그것이 곧 죄를 짓지 않는다는 것을 의미하지는 않기 때문이다. 사실 인생을 정말 순수하게 살려고 하는 그리스도인들은 자신을 속이거나 자신의 부족한 점 때문에 은혜의 팔에 재빨리 안기려는 사람일 것이다. 루터와 다른 개혁가들은 아나뱁티스트들이 선한 행동을 강조하는 것은 단지 새로운 형태의 수도원 제도를 추구하는 오만한 행동이요 완전주의의 허상이라고 주장하였다.

현재 대부분의 메노나이트들은 자신의 삶이 그리스도의 온전함과는 상당히 거리가 멀다는 사실을 쉽게 받아들인다. 그리고 그들은 아마도 "의인인 동시에 죄인"이라는 루터의 표현이 우리가 어떻게 살아가고 있는지를 보다 더 정확하게 설명한다는 데 동의할 것이다. 그러나 이러한 점들을 인정하는 것이 도대체 어떻게 그리스도인들의 삶의 윤리를 발전시키는 데 충분한 근거가 되는지는 잘 알지 못한다. 루터의 "의인인 동시에 죄인"이라는 표현은 실제 우리가 어떤 존재인지를 설명하는 것으로 보아야 한다. 인간을 탐욕적인 존재로 알고 있는 것이 그 예이다. 그러나 이러한 관찰이 곧 인간이 탐욕적인 존재이므로 탐욕스런 행동을 적절한 것으로 두둔하며 죄를 정당화할 수는 없다. 기독교 윤리는 우리가 어떻게 살아야만 하는지 방향을 제시하는 것이라야 하며, 죄에 대한 우리의 성향을 정당화해서는 안 된다. 다른 방식으로 표현하자면, 우리가 표준에 도달하는 것이 불가능하다고 처음부터 주장하는 것은 현상유지를 정당화하거나 이론적으로 목표를 추구하기를 아예 포기하는 것처럼 보인다.

메노나이트들은 그들이 완벽하지 않으며 하나님의 은혜와 자비를 전적으로 의지하고 있다는 사실을 솔직하게 인정한다. 그러나 이와 관련하여 우리가 생각해 보아야 할 점은 미국 기독교에 맹위를 떨치고 있는 "값싼 은혜"의 유혹이다. 값싼 은혜란 죄인들보다 죄를 정당화하려는 관점을 말한다. 메노나이트들은 그리스도인들이 이러한 유혹을 부단히 경계해야 한다고 말한다.

평화의 복음은 메노나이트들을 사회 질서에 기생하도록 만든다

어렸을 때, 나는 작은 마을에 있는 초등학교를 다녔고 우리 학년에서 유일한 메노나이트였다. 가끔씩 친구 집에 놀러갔을 때, 나는 거실에 걸려있는 친구의 아버지, 형들, 그리고 삼촌들이 군복을 입고 자랑스럽게 자세를 취하고 있는 사진들을 보았다. 어느 날, 그 지역의 교회 목사였던 친구의 아버지가 자기 동생의 사진과 함께 한 말을 결코 잊을 수 없다. 나는 일전에 들어보지 못한 말로 그가 화를 내며 말했다. "너희 평화주의자들, 잘난 너희 평화주의자들은 우리나라를 위해 희생한다는 뜻이 무엇인지 모른다! 그러나 너희들은 다른 모든 사람들이 누리는 자유를 똑같이 누리고 있어. 너희들은 기생충 같은 존재들이야."

그의 말은 나의 간담을 서늘하게 했다. 사실 나는 1차 세계대전 때 할아버지께서 오하이오 킬리코트에 있는 군 훈련소에서 군복을 입지 않기로 저항하고 이를 관철시켰던 이야기에 대해 자긍심을 갖고 있었다. 나는 아나뱁티스트 전통을 통해 믿음을 지킨 이러한 순교자들을 용기 있는 믿음의 위인들이라고 생각했다. 기생충이라는 생각은 한 번도 해본 적이 없었다. 그러나 오랜 세월동안 전쟁에 참여하지 않기로 작정했던 메노나이트 양심적 병역거부자들을 군인들과 경찰들이 이루어 놓은 안전과 정치적 질서에 혜택을 받는 이기적인 사람이라고 고발하는 목소리를 계속 듣게 되었다. 이러한 목소리를 보다 진지하게 생각해 볼 가치가 있었다.

대체로 메노나이트들은 국가 특히 폭력 세상 속에서 질서를 유지하는 국가의 역할을 깊이 존중한다. 로마서 13장에서 바울은 국가를 "나쁜 일을 하는 자에게 하나님의 진노를 집행하는 하나님의 일꾼"롬13:4으로 설명한다. 많은 그리스도인들에게 이 문단은 기독교 제도가 정부를 옹호하려고 할 때 사용하는 기본적인 구절로 자리하고 있다. 메노나이트들은 이 점을 진지하게 바라보면서 이 성경말씀이 말하는 것이 무엇이며 또한 말하지 않고 있는 것이 무엇인지 주의 깊게 읽어야 한다고 경고한다.

바울이 국가에 대해 숙고한 내용은 그리스도인들의 거룩한 생활에 대한 내용을 언급하는 로마서 12장의 가르침이란 맥락 속에서 읽어야한다. 훈계의 내용을 포함한 이러한 가르침은 평화의 복음에 대해 분명히 호소하고 있다. "여러분을 박해하는 사람들을 축복하십시오. 축복을 하고, 저주를 하지 마십시오."12:14 "아무에게도 악을 악으로 갚지 말고, 모든 사람이 선하다고 생각하는 일을 하려고 애쓰십시오."12:17 "여러분은 스스로 원수를 갚지 말고, 그 일을 하나님의 진노하심에 맡기십시오. … 만약 원수가 주리거든 먹을 것을 주고, 그가 목말라 하거든 마실 것을 주십시오."12:19~20 "악에게 지지 말고, 선으로 악을 이기십시오."12:21 그리고 곧 13장에서 그리스도인들이 어떻게 정부당국을 대해야 하는가에 대한 설명이 뒤이어 나온다. 그러나 당시 정부당국자들이 그리스도인들이었을지도 모른다는 억측은 가능하지 않다. 분명 바울 시대에 로마 당국자들은 크리스천이 아니었다. 그래서 바울은 권력을 가진 사람들이 그리스도의 제자들이라는 생각이었다는 생각은 당연히 하지 않았다. 그럼에도 그는 신자들에게 여전히 분명한 어조로 이러한 공직자들에 대한 어떤 의무가 있다고 말하였다. 하나님께서 인간 사회에 질서를 가져오기 위한 권위를 국가에 주셨다. 타락한 세상 속에 질서는 무정부나 혼돈보다 낫기 때문이다. 하다못해 무력에 의존하는 질서라 할지라도 말이다. 그래서 그리스도인들은 이러한 질서를 존중해야 하며 국가를 존중해야 한다.

그렇다고 그리스도인들이 정부에 참여하거나 정부가 말하는 것이라면 아무 생각 없이 모두 따라야 한다고 말하는 것과는 분명 차이가 있다는 사실을 언급해야 한다. 결국 그리스도인들은 "사람에게 복종할 것이 아니라 하나님께 복종"해야 한다.행5:29

메노나이트 관점에서, 이러한 모든 것은 우리가 질서를 보존하기 위해 국가의 역할에 감사한 마음을 갖고 있어야 함을 의미한다. 그러나 우리는 국가 그 자체가 "기독교적"이라는 생각은 당연히 하지 않으며, 그리스도인들이 타락한 세상 속에서 이러한 질서를 만들어야 한다고 생각하지도 않는다. 반대로 그리스도인들이 다른 기준 즉 이 말씀 앞에 기록되어 있는 로마서 12장의 기준을 가지고 함께 살도록 부름을 받았다. 그리스도인에게는 시저가 아니라 "예수가 주님이시다."롬10:9 그리고 이것은 그들이 새로운 창조의 원리들, 원수까지 품고 사랑해야 한다는 원리들을 따라 살 것이라는 의미다.

메노나이트들은 이 세상의 악한 실재에 대해 지나치게 순진하다

기독교 교회에는 사회 복음이라는 전통이 있는데, 이들은 비폭력을 믿는 그리스도인들로서 소위 인간의 본성과 모든 사회 문제들을 해결하기 위한 인간 이성의 능력을 지나치게 낙관적으로 본다. 기독교 평화주의자들은 만약 사람들이 독재자나 폭군들을 "잘" 대해주기만 하면 세상의 행악자들이 자신들의 죄를 곧 뉘우치게 될 것이며, 자신들의 무기를 내려놓고, 동정심과 관대함을 보여줄 것이라는 생각을 한다.

이러한 인상을 심어주도록 말하고 행동하는 메노나이트들이 있다는 건 사실이지만, 이러한 이해가 메노나이트 신학의 큰 흐름은 아니다. 대부분의 메노나이트는 이 세상의 악한 본성을 인식함에 있어 철저한 "현실주의자"들이다. 정확하게 표현하자면 이러한 현실주의가 바로 메노나이트들이 "그리스도 안의 새로운 삶"의 본질에 그 많은 관심을 쏟는 이유이며, 그리스도인이 되는데 치러야 할 비용이 그토록 높은 이유이다.

그러나 메노나이트들은 인류 역사의 마지막 말은 십자가가 아니라 부활이라고 여긴다. 그리스도 안에서, 하나님의 능력이 악과 죽음의 세력을 능가함을 보여주셨다. 우주적인 의미에서, "정사와 권세자"를 이기신 승리는 이미 이루어졌다. 비록 그것이 현재에는 불완전하게 보이지만, 그리스도인들은 바로 이 진리에 근거해서 살도록 부름 받았다.

그러므로 평화의 복음에 대해 메노나이트들이 갖고 있는 낙관주의는 인간이 평화로운 세상 질서를 충분히 창조할 수 있다는 능력에 대한 확신에 근거하지 않는다. 대신 그들의 낙관주의는 취약한 모습으로 세상을 사랑하고 이 세상을 가장 잘 아시는 하나님에 대한 신뢰에 근거한다. 우리는 이 십자가의 길만이 결국 사람들을 생명으로 인도한다고 믿는다.

현재 메노나이트 내에 존재하는 비판과 지속적인 질문들

1. 그리스도인의 제자도에 대한 기본적 관점을 개인의 도덕성에 두어야 하는가 아니면 사회 정의에 두어야 하는가?

그리스도인의 제자도가 개인의 도덕성의 문제인가 아니면 보다 더 큰 사회 정의의 문제인가에 대한 현 메노나이트들의 의견은 하나로 일치하지 않는다. 전통적으로 메노나이트들은 정직, 신뢰, 정절, 가난한 사람들을 향한 자선 등 개인의 덕에 대해 꽤 엄격한 입장을 취했다. 다양한 지역과 환경에서 개인적으로 높은 도덕 및 윤리 의식을 갖고 있다는 메노나이트들에 주어진 평판은 엄청난 복음 증거의 능력이 되었다.

그러나 최근에 들어 메노나이트들은 죄의 구조적인 모습과 형태 특히 다양한 모습의 사회적 불의로 드러나는 죄의 구조적 모습과 형태에 대해 큰 관심을 보이기 시작하였다. 예를 들어 구조적으로 흑인들을 차별하던 미국 남부의 인종차별법 Jim Crow의 변화는 단지 믿음의 사람들이 그 법의 죄악된 모습을 바꿀 때만 이루어질 수 있다. 가난한 사람들이 일찍 죽는 것은 그들이 의료보험 수혜를 받지 못하기 때문이다. 지역에서 시행되는 자선행위만으로 이러한 제도의 결점은 결코 해결할 수 없다. 그리고 점점 더 많은 메노나이트들은 정치적 행동주의를 표방하는 등 공적인 방식으로 자신들의 신념을 증언하고 있다. 비록 메노나이트들이 개인 윤리와 사회 윤리를 모두 중요한 것으로 인정하고 있음에도, 여전히 회중들은 때때로 제자도의 관점에서 어느 쪽에 더 관심을 두어야 하는가 하는 문제를 두고 의견이 나뉘기도 한다.

이러한 입장 중 한쪽만이 옳다고 장담하는 것이 얼마나 위험한 행동인지는 두말할 필요가 없다. 구조적인 문제에 주로 관심을 두는 사람들은 사회 개혁을 추구하는 세속적인 관점이나 사회과학의 언어에 매혹을 느낀다. 결과적으로 그들은 그 싸움이 악의 "정사와 권세자들"을 상대로 이루어진다는 사실을 잊고 자신들의 행동에 있어 중요한 영적인 면들을 소홀히 하기 쉽다. 추상적인 구조와 개인에 대한 종교의 외적 형식 등 세상 문제의 핵심에 있어서, 사회 개혁가들은 개인 선택의 중요성과 개인적 훈련과 실천의 문제를 간과하거나 경시할 수 있다.

마찬가지로 개인의 도덕성에 너무 몰두하는 것은 이 세상의 깊고 복잡한 문제를 쉽게 제쳐두는 모습이 될 수 있다. 예를 들어 복잡한 술 중독 프로그램을 운영하거나 도시에 사는 젊은이들에게 술을 권장하지 못하도록 직접적인 주류광고를 하지 못하도록 광고계를 도전하는 것보다 개인적으로 술을 마지지 말라고 이야기하거나 훈련시키는 것이 훨씬 쉽다. "우리가 개인적으로 영향을 받지 않으면, 별로 문제가 되지 않잖아요."하고 말하고 싶은 강력한 유혹을 받는다. 비록 상세한 주제들을 일일이 다루기에는 너무나 폭 넓지만, 우리가 복음을 공적으로 증거하는 본질에 대한 긴장은 메노나이트들 내에서 끊임없이 이야기되고 논의 되고 있다.

2. 비폭력에 대한 헌신은 절대적으로 필요한 것인가?

대부분 메노나이트들은 이 세상을 장악하는 폭력이 무수히 많은 형태를 띤다고 알고 있다. 비록 치명적 폭력을 반대하는 입장이 매우 단호하고, 평화를 이루기 위한 헌신이 매우 분명함에도 불구하고, 메노나이트들은 서로 다른 폭력에 대해 어떻게 적절히 반응해야하는지 끊임없이 애를 쓰고 있다. 결국 메노나이트들은 모든 상황에 딱 맞는 형태의 평화가 있다고 쉽게 말하지 않는다. 예를 들어 어떤 미친 사람이 어린이를 공격하고 있는 데 그리스도인으로서 신실하기만 하면 된다고 주장을 하는 메노나이트는 없다. 분명히 어떤 형태로든 개입하고 이를 막는 것이 적절하다. 모두가 그런 것은 아니지만, 메노나이트 부모들은 자녀들에게 매를 든다. 이에 대해 어떤 사람들은 우리가 무릎을 꿇고 기도하는 것은 포기한 채, "만약 어떤 사람이 당신의 집을 파괴하고 가족들을 해하려고 위협한다면, 당신은 어떻게 할 것입니까?"라는 전통적인 질문을 들고 나온다.

이러한 상황에서 우리가 무고한 사람들을 대신해서 세속적인 물리적 폭력을 사용하지 않고 이 문제에 합법적으로 개입할 수 있는 분명한 선이 어디까지인지 항상 분명하게 볼 수 있는 것은 아니다. 그러나 메노나이트들에게 분명한 것은 적어도 치명적인 폭력사용으로부터 자신을 충분히 분리시킬 수 있다는 점이다. 메노나이트들은 사람들의 행동이 얼마나 악한 모습으로 나타나든지 간에 의지적인 선한 양심에 의지하여 하나님의 형상을 따라 창조된 다른 사람의 생명과 삶을 파괴하지 않는 길을 선택한다. 평화의 복음에 대한 헌신은 모든 종류의 사회적·윤리적 책임으로부터 결코 물러나서는 안 된다고 이해한다. 그러나 메노나이트들은 어디서나 평화와 사랑의 편에 서야 한다는 태도를 견지한다. 그리고 가장 분명한 선은 다른 사람들의 생명을 절대로 취해서는 안 된다는 것이다.

3. 애국주의에 대한 적절한 표현방법이 있다면 무엇인가?

이 질문은 무수한 배경만큼 다양한 방식으로 던져지는 질문이기도 하다. 군복무 중인 자녀들에 대해 자랑스럽게 말하는 친구들과 이웃들에게 혹은 현재 진행 중인 전쟁에 대한 의견을 듣고 싶어 할 때 메노나이트들은 무어라 말할까? 지역의 교사·학부모 모임이나 로터리 클럽의 회합에서 충성을 맹세하는 것에 대해서는 어떻게 반응할까? 자녀들이 다니는 고등학교 풋볼 경기 전에 울려 퍼지는 애국가에 대해서는 어떻게 반응할까? 현충일 집집마다 현관에 혹은 문 밖에 자발적으로 국기를 거는 이웃들에 대해서는 어떻게 반응할까? 이와 비슷한 질문들에 대해 메노나이트들 또한 다양한 방식으로 반응한다. 어떤 사람들은 이웃들이 피 끓는 애국주의에 사무쳐 반응하는 것 못지않게 열정적으로 반응한다. 어떤 메노나이트들은 국가에 존중을 표하면서 그들이 속해 있는 하나님과 전 세계 교회에 속해 있음을 잊지 않는다. 이처럼 그들은 사람들이 애국가를 부르고 맹세하는 것을 존중은 하지만 자신들은 손을 가슴에 얹거나 맹세를 따라하지 않는다.

어떤 사람들은 전쟁에 참여하지 말아야 함을 공식적으로 선언하는 한편 개인적으로 무력에 관련되어 있는 친척들의 안전에 대해 관심을 표현하기도 한다. 또 다른 한편 어떤 메노나이트들은 비록 그들 주변에 사람들이 그들의 행동이 지나치게 공격적인 것을 간주함에도 불구하고 국가주의의 우상에 대해 그들이 할 수 있는 한 공적이며 예언자적인 증언을 분명히 공표하기도 한다.

교회에 속한 신자들이 무력봉사에 참여하는 것에 대한 메노나이트 교회의 공식적 입장은 매우 분명하다. 그러나 국가 충성에 대한 질문들, 애국주의에 대한 복잡한 질문들, 그리고 군사적 방어와 희생의 언어와 관련된 수많은 질문에 대한 메노나이트들의 반응은 다양한 방식으로 존재한다.

4. "단순한 삶"이 실제로 의미하는 것은 무엇인가?

얼마 전에 잘 알려진 클릭클랙 Click and Clack이라는 미국 공영 방송 라디오 프로그램에 어떤 여성이 전화를 했다. 그 사람은 자신을 메노나이트라고 소개하면서 자기가 소유한 차에 대해 도덕적으로 영적으로 문제가 있다고 했다. 자신이 현재 몰고 다니는 그 차는 아주 오래된 낡은 자동차로 불행히도 차가 잘 굴러간다고 했다. 이러한 차는 검소하고, 경제적이고, 선한 청지기적 메노나이트 생활 윤리와 잘 들어맞는다. 그녀가 털어놓은 영적 문제란 요즘 자신이 도요타 프라이스라는 새 차를 사고 싶은 생각에 푹 빠져 있다는 것이었다. 프라이스는 연비도 적고 친환경차여서 그 차를 정말로 좋아하게 되었다는 설명이었다. 그러나 이 차는 생각보다 좀 비쌌고, 현재 갖고 있는 오래된 차는 전혀 문제를 일으킬 기미가 보이지 않는다는 점이었다. 이 여성이 새 차를 사는 것이 정당한 것일까?

결국 방송을 담당했던 태펫 형제는 한참 웃은 뒤에 그녀에게 교단을 바꾸라는 익살스런 조언을 해주었다. 이렇게 방송에서 말을 주고받으며 유머를 즐겼지만, 그녀의 질문은 쉽지 않은 문제였다. 실제로 검소한 생활 방식 혹은 단순한 생활방식을 영위하기 위한 적절한 기준이 있을까? 짜증이 나겠지만, 고객들이 소비하는 비용을 비교하여 의사결정을 하다면 어느 정도가 적절한 지점이 될까? 만약 우리가 우리 문화의 소비주의적 사고구조에서 오는 쇼핑 충동에 대해 양심적으로 반응하여 이를 억제한다면, 아마 지구 남반구에서 사는 사람들의 다수들보다 훨씬 부자로 살 것이다. 아마 값은 좀 더 비쌀지 모르지만, 지역 농가나 시장에서 식료품을 구매하면 훨씬 더 건강한 식료품을 구할 수 있을 것이다. 선택의 폭이 훨씬 적음에도 불구하고 지역 주민이 소유한 철물점을 후원하기 위해 더 멀리 운전해서 물건을 비싸게 사야 하는 상황과 월마트에서 물건을 편리하게 구입함으로써 시간을 절약할 수 있는 상황 사이에서 우리가 어떻게 청지기적 삶의 무게를 측정할 수 있을까? 세계의 대부분의 사람들에게 의료보험은 생각조차 하지 못하는 사치이다. 전문직종에 종사하는 사람들에게 의료보험은 그냥 부수적으로 따라오는 혜택이라 여겨지지만, 미국의 가난한 사람들에게, 의료보험은 정말로 간절히 원함에도 불구하고 가질 수 없는 희망사항이기도 하다. 그렇다면 가난한 사람들과 연대한다는 의미에서 사무직에 종사하는 메노나이트들은 자신들이 갖고 있는 의료보험을 포기해야 하는가?

간단히 말해서, 단순한 삶이란 말처럼 쉬운 게 아니다. 이러한 주제들에 대해 메노나이트들이 모두 같은 생각을 갖고 있는 것도 아니다. 어떤 사람은 눈에 띌 정도로 소비문화를 즐기며 하나님께서 부유한 삶을 살게 해주신 것에 대해 감사하고 행복해 한다. 어떤 사람은 상징적으로 이러한 삶에 대해 저항하며 산다. 예를 들어 공정무역 커피를 구매한다고 해서 전체 지구촌 경제의 본질이 변하는 것은 아니다. 그러나 이러한 행위는 우리가 먼 곳에서 커피를 생산해 내는 사람들과 실제로 연결되어 있다는 사실을 상기시켜주며 얼마 되지는 않지만 실제 농장에서 일하는 노동자들의 수입에 보탬이 된다. 여전히 또 다른 메노나이트들은 가난한 사람과 연대하기 위해 국제 봉사프로그램에 참여하거나 자발적 가난을 실천하면서 산다. 어떤 경우든지 "단순한 삶"은 이 시대를 사는 메노나이트들 간에 이루어지는 끊임없는 대화의 주제인 것만은 틀림이 없다.

5. 이혼과 재혼의 문제는 어떻게 이해하는가?

우리가 목격하는 바와 같이, 메노나이트들은 결혼을 매우 중요하게 생각하며 결혼 서약을 통해 부부간에 신실한 모습의 헌신을 요구한다. 우리가 가족, 친구, 회중 모임에서 보아서 알 수 있듯이 우리는 언약의 본질을 거룩한 것으로 여기며 진지하게 생각한다. "하나님이 짝지어 주신 것을, 사람이 갈라놓아서는 안 된다."막10:9

그러나 여전히 실제 상황에서 보면 메노나이트 회중에는 결혼에 실패한 가정들이 있다. 사실상 오십년 전 메노나이트 교회 내에서 이혼은 거의 없었다. 비록 다른 교단과 세상의 평균 이혼율에는 훨씬 못 미치는 정도지만, 요즈음에는 메노나이트들 중에도 이혼을 선택하는 사람들이 점점 늘고 있다.

메노나이트 교회는 결혼의 실패에 대해 어떻게 반응해야하는지 일치된 목소리가 없다. 어떤 회중들은 결혼을 중재하기 위해 열심히 노력하며, 이혼을 할 경우 당사자인 남편과 아내는 물론 회중의 명백한 도덕적 실패로 간주한다. 어떤 회중은 이혼에 대해 슬픔으로 반응하지만, 이혼에 대해 교회가 중재하거나 훈계해야할 문제로 보지는 않는다. 모두가 그렇지는 않지만, 많은 회중이 영적 권면과 더불어 무거운 마음으로 이혼한 사람들의 재혼을 받아들인다.

요약

이러한 주제들처럼 이 장에서 다룬 주제들은 메노나이트들이 격렬하게 대화하고, 논쟁하는 내용들이다. 때로 이러한 주제들은 철저히 의견을 달리하는 모습으로 드러나기도 한다. 이러한 긴장들은 메노나이트 전통에 있어 약점이자 강점이기도 하다. 윤리를 지나치게 중요하게 여겨왔던 메노나이트 전통 속에서 최악의 경우에는 율법주의, 영적논쟁, 혹은 진리와 순결이라는 이름으로 분리되는 양상을 띠기도 했다. 지난 수 세기에 걸쳐 아나뱁티스트 메노나이트 전통에 속한 그룹들은 신학적인 문제보다 이러한 윤리적 실천과 관련된 이슈 때문에 여러 갈래로 나뉘어졌다. 바울은 너무나 자주 가족과 이웃을 낯설게 함으로써 그리스도의 몸이 갈라지도록 만들고 이를 정당화하는 모습에 대해 훈계하며 "점도 없고 흠도 없는"엡5:27 교회를 이루라고 하였다.

한편 메노나이트들이 강조하는 제자도는 미국 기독교에 만연해 있는 "값싼 은혜"에 빠지지 않도록 그들을 보호하는 역할을 해왔다. 메노나이트들에게 매일 생활에 녹아들지 않은 믿음은 공허한 울림일 뿐이다. 윤리적 실천은 일부 그리스도인들이 말하는 것처럼 구원의 근본적인 경험에 뒤이어 나오는 "악사세리"가 아니다. 조금 다른 방향으로 설명하자면, 메노나이트 전통에 있어서 구원은 주인이 맡겨 놓은 재산을 안전하게 "보관해 두는" 어떤 것이 아니다. 오히려 구원은 매순간 살아서 움직이는 그 무엇이다. 만약 당신이 실제로 땅과 재산을 소유한 사람이라면 매일 땅을 경작하고 잘 관리해나갈 것이다. 마찬가지로 신자들이 주변의 사람들에게 구체적인 방식으로 자신들이 갖고 있는 사랑과 용서를 실천할 준비가 되어 있지 않다면, 하나님께서 베풀어 주시는 사랑과 용서 또한 제대로 경험할 수 없을 것이다.

메노나이트들은 "의로운 삶"을 살아가며, 그렇게 사는 것이 하나님을 기쁘게 해드린다고 생각한다. 대부분의 사람들이 하나님의 은혜는 단순히 우리를 용서할 뿐 아니라, 우리를 용서의 사람이 되게 한다고 믿고 있다. 아나뱁티스트 저술가 중 한스 뎅크는 "매일 삶 속에서 그리스도를 따르지 않으면서 그리스도를 온전히 알 수 있는 사람은 없다"고 하였다.

메노나이트들에게 제자의 삶이란 깐깐한 개인주의자들을 위한 것이 아니다. 제자도는 항상 하나님의 뜻을 분별하기 위해 고군분투하고, 그들의 삶을 예수의 가르침에 맞추어 살기 위해 헌신된 신자들의 그룹이라는 맥락 안에서 이해되어야 한다. 이제 메노나이트 전통이 말하는 기독교 신앙과 실천의 핵심 주제인 교회에 대해 살펴보도록 하자.

10. 가시적 교회: 헌신과 예배

1974년 봄, 엄청난 파괴력을 가진 회오리바람이 오하이오 주 남쪽 지역의 제니아Xenia라는 작은 도시를 강타했다. 이로 인해 33명이 목숨을 잃고 약 1,600개의 건물이 큰 피해를 입었다. 그때 나는 14살이었고, 세상 물정을 잘 모르던 청소년이었다. 나는 피해상황이 실린 뉴스를 읽으면서 마음 속 깊이 고민하였다. 무작위적인 자연재해를 보면서 왜 이 회오리바람이 갑작스럽게 경로를 바꾸어 우리 도시로 불어왔을까? 생각했다. 하나님께서 이러한 일들이 일어나는 것을 계획하셨을까? 아니면 자연재해가 그냥 일어나는 것일까? 나는 죄 많은 사람들이 나쁜 선택의 결과를 떠안으며 산다고 생각했었다. 그러나 25,000명이 사는 작은 도시의 파괴는 하나님께서 반드시 가로 막아야만 했던 무작위적 악행처럼 보였다.

신문에 난 기사를 읽고 난 후, 이 도시로부터 약 100킬로미터 정도 떨어져 있던 우리 교회는 메노나이트 재난 봉사단Mennonite Disaster Service을 도와 피해를 복구하는 팀을 조직하기 시작했다. 복구 팀이 꾸려지자, 내가 다니던 교회의 어른 한 분이 어느 날 저녁 우리 집에 와서 아버지에게 내가 8일정도 이 팀에 속해서 피해복구 일을 도울 수 있는지 물어오셨다. 그분은 내가 속한 복구 팀을 훈련시키시겠다고 하셨고 나는 꽤나 큰 충격을 받았다. 그러나 부모님께서 일주일 동안 학교에 결석을 시키면서라도 기꺼이 나를 복구팀에 보내셨다는 사실이 더 큰 충격이 되었다.

회상해보건대, 제니아에서 보냈던 이 일주일은 내 인생에 엄청난 영향을 미친 순간으로 기억된다. 피해를 입은 지역에서 쓰레기와 건물 파손물들을 청소하면서 피해 생존자들과 대화를 나누는 것은 마수의 손길을 펼친 자연에 대한 궁금증에 답이 되었다. 이 경험은 내 인생의 지평을 새롭게 열어주었고, 또한 이러한 재난에 대처하기 위해 봉사하러 온 다른 교단의 사람들을 만날 수 있게 해 주었다. 메노나이트들만이 믿음을 행위로 실천하는 사람들이 아니었다. 우리 교회에 속한 대부분의 사람들은 내가 우리 교회의 중요한 부분이라며 나를 인정해 주었다. 나는 작은 교회의 모든 성도들을 대표하는 인물이 되었고, 나의 헌신은 참 중요한 의미를 갖게 되었다. 동시에 교회에서 와서 함께 봉사했던 팀원들은 어느새 내 가족이 되어 있었다. 우리는 함께 일하고, 함께 기도하고, 함께 식사하고 농담도 나누었다. 이때 맺은 우정은 우리가 집으로 돌아온 후 아주 오래도록 우리를 하나로 결속시켜 주었다.

지역 회중이 기독교 신앙을 이해하는데 얼마나 소중한 존재인지는 그 이후 화재로 인해 집이 전소되었을 때, 그리고 나의 어린 동생이 암으로 죽었을 때, 계속해서 마음속에 깊이 자리하게 되었다. 그러나 1974년 4월은 교회가 나에게 얼마나 큰 의미로 다가왔는지 깨닫게 해준 가장 분명한 기억으로 자리하고 있다.

최근 통계조사에 따르면, 거의 50%의 미국 사람들이 정기적으로 교회에 출석하는 것으로 나타났다. 비록 그 숫자는 과거에 비해 점차 줄어들고 있지만, 15%정도만 교회에 출석한다고 조사된 유럽의 상황과 비교해 보면 여전히 엄청난 대조를 이루고 있다. 스칸디나비아 지역의 나라는 5%로 조사되었다. 미국인들의 종교생활에 있어서 교회가 얼마나 중요한지 보여주는 증거는 어디에나 있다. 도시 중심의 아주 작은 점포 앞에 있는 회중에서 고속도로 근교에 위치한 대형교회에 이르기까지, 그리고 중서부에 펼쳐진 옥수수밭 모퉁이에 외로이 서있는 예배당에서 높이 솟아오르는 첨탑이 있는 웅장한 대성당에 이르기까지 교회 건물들은 미국에서 빼놓을 수 없는 풍경이다. 작은 마을이든 소도시이든 미국의 거의 모든 전화번호부는 교회를 출석하려는 사람들에게 다양한 종류의 선택권을 제공한다. 북미의 사람들 대부분은 기독교 신앙에 있어 신자들이 함께 모여 예배하는 예전 혹은 예배의식이 매우 중요하다고 생각한다.

믿음의 양상, 예배 스타일, 건축양식, 각종 프로그램 등 엄청나게 다양한 종교적 선택들은 15세기 말 유럽의 농부들이 도저히 생각할 수 없으리만큼 다양하다. 종교개혁 당시, 교회의 기본적인 모습은 약 100여년에 걸쳐 확고하게 형성되었다. 로마 교황을 수장으로 한 가톨릭교회는 영적인 권위와 존재감에 있어 보편성을 띠고 있고 신학에 있어서도 한 목소리를 냈다. 유럽 전역에 걸쳐 미사의 형식은 라틴어로 행해졌다. 교회는 그 자체로 그리스도의 살아있는 몸으로 이해했고 그리스도의 몸은 나뉠 수 없다고 여겼다.

그러나 이러한 모든 것은 종교개혁이 도래함으로써 엄청난 변화를 겪었다. 16세기 전반에 마틴 루터, 울리히 츠빙글리, 존 칼뱅, 그리고 수십 명의 개혁가들이 새로운 형식의 예배와 믿음의 방식을 소개하면서 가톨릭교회의 유일무이한 권위에 도전했다. 예를 들어 루터와 그의 동료들은 독일말로 미사를 드렸고, 그 결과 많은 사람들이 미사를 잘 이해할 수 있게 되었다. 그들은 하나님의 은혜의 속성을 제대로 이해하는데 방해가 된다면서 믿음을 형상화한 "외부적" 요소들 특히 전통적인 가톨릭 성인들의 성상이나 유물들을 거절하였다. 그리고 그들은 기독교 예배의 중요한 것으로서 설교를 격상시켰다. 칼뱅과 개혁교회 전통에 속한 사람들은 예배 예식을 간소화했으며 시각적으로 예배공간을 간소화했고 특히 예배에 장애가 되는 모든 것들을 제거하는 한편 시편을 노래하지 못하도록 금지했다.

이러한 변화에도 불구하고, 중세 교회의 어떤 부분은 종교개혁으로도 변화되지 않고 그대로 남아 있었다. 예를 들어 루터교회와 개혁교회는 모두 유아세례라는 중세의 교회 예식을 지속하여 시행하였다. 그들은 구원이 예수를 따르는 신자들의 의지나 결정의 결과가 아니라 막 태어난 유아들에게도 선물로 주어졌다고 믿었다. 같은 이유로 루터교와 개혁교회 전통은 모두 교회와 국가가 본질적으로 엮여 있다고 이해하였다. 실제로 이제 교회는 권위를 행사함에 있어서 더 이상 중세와 같지 않았다. 실제적으로 교회의 권위는 "보편적인universal"모습이 아니었고 국가의 역할은 중세시대 가톨릭에 비해 프로테스탄트 교회에서 상당히 약화되었다. 가톨릭, 루터교, 개혁교회 신자들은 서로를 향해 뼈아픈 종교전쟁을 치러야 했다. 결국 각 교회들은 각 지역 영주가 결정하는 모습으로 해결을 보았고, 이 결정에 따라 영주의 관심사에 의해 종교가 결정되었다. 보다 실제적으로 말하자면, "사람들의 종교는 그의 종교cuius regio, eius relio"라는 원칙이 생겨났고 이는 주교가 아니라 영주가 자기 영토 내의 교회에 권위를 가지고 있음을 의미했다. 왜냐하면 그가 종교에 관련된 연합과 일치를 명령할 권리를 가졌기 때문이다. 사실 필요하면 무력도 행사할 수 있었다.

그렇게 16세기에 있었던 개혁의 혼란 아래, 교회의 본질에 대한 다른 기본적인 가설들이 지속적으로 변화를 맞이하게 되었다. 실제로 종교, 정치, 문화가 서로 융합되어 있던 중세기의 교회의 모습교회역사가들은 이를 크리스텐덤이라고 부름은 종교개혁의 시대가 왔음에도 여전히 지속되었다.

대안으로서 아나뱁티스트

16세기 아나뱁티스트들은 오직 성경으로라는 원칙은 받아들이고 가톨릭의 수직적인 질서는 거절하면서 프로테스탄트 개혁가들과 많은 것을 공유하였다. 그러나 교회에 대한 이해를 포함한 몇 가지 중요한 영역에서, 아나뱁티스트들은 개혁가들이 충분한 개혁을 이끌어내지 못했다고 주장하였다. 아나뱁티스트들은 구원은 하나님의 선물이라는 루터의 주장에 전적으로 동의했지만 이 선물은 사람이 적극적으로 받아들여야 하는 것으로 여겼다. 그리고 받아들여진 선물로서 하나님의 은혜는 새로운 그리스도인의 삶 속에서 열매를 맺어야 했다. 어린이들은 하나님의 은혜를 받아들일 수 있는 의지가 없을 뿐만 아니라, 갱신된 모습으로 삶을 살 수 없기 때문에 아나뱁티스트들은 유아세례를 거절하였다.

이러한 신념들은 모두 어떻게 아나뱁티스트가 교회를 이해하는가 하는 엄청난 결과로 연결되었다. 만약 교회가 자발적으로 참여하는 멤버들로 구성된다면, 교회를 더 이상 국가나 주변의 문화에 의해 규정되는 제도로 볼 수 없다. 아나뱁티스트들에게 믿음의 자발성이라는 본질은 교회와 국가의 분리를 의미한다. 이들은 그리스도인의 삶은 주변 문화와 긴장 관계에 있어야 한다고 이해하였다.

두 왕국에 대한 메노나이트의 이해

메노나이트들은 때때로 두 왕국의 언어를 사용하여 교회를 이해한다. 두 왕국의 개념은 모든 창조가 우주적 전쟁 즉 선과 악 사이에 일어나는 영적인 전쟁을 치르고 있다는 인식과 더불어 시작된다. 창세기 3장에 기록되어 있는 타락 이야기와 구원 역사는 세상을 향한 하나님의 의도와 계획의 신실함과 이기적이고 탐욕스럽고 폭력적인 인간의 고집스런 실재 사이에서 지속적으로 일어나는 싸움을 극화시켜 설명해 놓은 이야기로 신약과 구약에 등장하는 하나님의 행동에 대한 기록이기도 하다. 이러한 싸움은 죄, 구원, 구속과 같은 언어에 깊은 의미를 부여한다. 이것은 어떤 중요한 것이 위험에 처해있음을 우리에게 상기시켜 준다. 비록 그리스도인들이 이러한 전쟁의 궁극적인 결과가 다 정해져 있다는 사실부활이 사망 권세를 이기시고 승리하신 그리스도를 말하고 있음을 알고 있다 해도, 우리는 우리 자신의 진심에서 우러나는 결정으로 이를 따라야 한다.

신약 성경은 이러한 선택의 중요성을 강조하고 있다. 예수는 제자들에게 두 주인을 섬길 수 없다는 사실을 말해주셨다. "아무도 두 주인을 섬기지 못한다. 한쪽을 미워하고 다른 쪽을 사랑하거나, 한쪽을 중히 여기고 다른 쪽을 업신여길 것이다."마6:24 바울도 로마에 있는 교회에 쓴 편지에서 동일한 주제에 대해 이야기하였다. "여러분은 이 시대의 풍조를 본받지 말고, 마음을 새롭게 함으로 변화를 받아서, 하나님의 선하시고 기뻐하시고 완전하신 뜻이 무엇인지를 분별하도록 하십시오."롬12:2 마찬가지로 야고보는 "세상과 벗함이 하나님과 등지는 일임을 알지 못합니까? 누구든지 세상의 친구가 되고자 선택하는 사람은 하나님의 원수가 되는 것입니다."약4:4라고 하였다. 초대 교회의 그리스도인들은 백해를 직면했을 뿐만 아니라, 위급한 상황에서도 선택의 본질을 극적으로 표현하였다. 초대 교회에서 그리스도인으로 태어난 사람은 아무도 없었다. 왜냐하면 멤버가 되기로 선택한 사람들의 목숨이 당장에 위험에 처해졌기 때문이다.

마찬가지로 이러한 상황은 메노나이트들이 갖고 있던 교회에 대한 이해이자 맥락이었다. 교회는 부족하지만 자신의 삶을 새로운 창조의 방향으로 나아가며, 예수의 가르침과 초기 교회의 모델을 따라 살기로 결정하고 헌신한 사람들로 구성되어야 했다.

결과적으로, 이러한 교회는 사회적, 경제적, 정치적으로 주변의 사회와 명백한 대조를 이룰 수밖에 없었다. 가톨릭 예배가 미사를 드리는 데 초점을 맞추고, 프로테스탄트 예배가 설교올바로 설교된 그 말씀에 초점을 맞추고 있다면, 메노나이트들은 구체적 형태로서 교회임을 드러내는 회중의 삶에 초점을 맞추었다. 메노나이트들은 예식과 설교가 예배의 중요한 요소들이긴 하지만, 성령의 임재가 분명히 드러나야 한다고 주장하였다. 그리고 이러한 성령의 임재가 회중의 실천 속에 드러나서 그리스도의 몸을 만지고 볼 수 있도록 해주어야 한다.

메노나이트 교회의 삶을 형성하는 실천은 예배당에 들어오는 사람들이 서로에게 인사하는 아주 간단한 것에서부터 드러난다. 메노나이트들은 헌금을 거두는 방식, 회중의 관심사를 함께 나누는 방식, 새로운 사람들을 집으로 초대하여 함께 식사를 하는 일, 혹은 함께 기도하기 위해 무릎을 꿇는 방식을 통해 표현된다. 이러한 실천은 예수께서 친히 제자들에게 행하시고 가르치셨던 기름을 바르는 예식 혹은 함께 주의 만찬을 나누며 발을 씻겨주는 등 좀 더 공식적인 예전의 모습을 띠기도 한다. 이러한 실행예식들은 항상 구체적으로 표현되어 우리 자신을 회중에 속하도록 도와주고 궁극적으로는 우리를 하나님께 향하도록 인도한다.

요약해서 말하자면, 메노나이트 회중은 국가나, 사회 질서나, 정치적 원리나 혹은 전혀 타협의 여지가 없는 교리에 충성을 바치는 모습이 아니라, 그리스도께 충성을 바치는 사람들로 구성된다. 완벽하지는 않지만, 모든 인간을 향한 하나님의 의도를 온전히 깨달을 때, 교회는 그리스도의 가르침을 따라 살고, 성령의 임재를 증거하며, 도래하는 하나님의 나라를 향해 나아가며 구체적으로 드러난다.

아나뱁티스트-메노나이트 예배

메노나이트 교회의 가장 기본적인 모습은 예배를 통해 드러난다. 때때로 우리는 찬송을 부르거나, 성경을 읽고, 설교를 듣고, 주의 만찬을 나누며, 기도하는 정기적인 모임을 중심의 예배를 생각한다. 이는 예배에 대한 협의의 의미이다. 그러나 메노나이트들은 삶의 모든 부분이 하나님의 통치 아래 있기 때문에, 그 상황과 활동의 초점이 무엇이든, 언제 하나님의 백성들이 모이든, 어느 곳에 모이든, 그들의 삶 속에 존재하는 모든 것이 예배와 관련되어 있다고 믿는다.

수많은 다른 기독교 전통과 비교해 볼 때, 메노나이트 배경의 예배는 일반적으로 평이한 예배 형식저교회을 추구하는 경향이 있다. 많은 회중이 적절한 예배 요소들, 순서, 그 교회만의 형식을 갖고 오래 동안 자신들만의 예배 문화를 형성해왔다. 그러나 여전히 대부분의 메노나이트 교회는 교단이 미리 준비해 놓은 예전을 따르기보다는, 그들만의 어떤 성스러운 예식을 따라 멋진 예배를 드린다. 이처럼 가톨릭 전통이나 감독제도의 전통에서 온 방문객들에게 메노나이트 예배는 이렇다 할 격식이 없고 그 구조에 있어서 아무렇게나 하는 것처럼 보일수도 있다.

예배를 보다 단순한 스타일로 드린다는 이러한 편견은 평신도들이 주로 예배를 담당했던 초기 아나뱁티스트 운동의 반성직주의라는 뿌리가 그대로 반영된 것이다. 16세기에 가정, 헛간, 동굴 또는 숲 속에서 드렸던 예배의 형식을 지켜오면서, 메노나이트들은 전통적으로 평이하고 단출한 분위기로 예배를 드린다. 목사들은 평신도들과 구분하기 위해 마련된 예복이나 제의복을 입지 않는다. 강단은 회중에 있는 자리보다 조금 높을 뿐 별다른 차이도 없다. 비록 유럽에서 제후들이 아나뱁티스트들에게 관용을 베풀어 건물을 소유하도록 허락했음에도 불구하고, 메노나이트들은 휘황찬란한 건물을 짓기 보다는 꾸미지 않은 간소한 예배당이나 기능 중심의 건물을 지어 예배처소로 삼았다. 이러한 실천은 최근 몇 십 년 동안 메노나이트 회중들이 엄청난 비용을 들여 교회 건물을 짓고 건축가를 고용하면서 급속한 변화를 겪었다. 그럼에도 불구하고, 메노나이트들은 다목적용 공간이 있는 건축양식을 선호하였고 강단, 성가대, 스테인 글라스 창문 등을 선호하기 보다는 교제를 위한 방과 널찍한 로비를 선호한다. 어떤 메노나이트 회중들은 원형으로 둘러서 예배를 드릴 수 있는 공간을 선택하기도 한다. 이렇게 건물을 배치하는 이유는 예배 장소에 강단이나 제단이 아닌 예배를 드리기 위해 모인 사람들과 공동체를 강조하기 위해서다.

정형화된 메노나이트 예배 구조는 정말로 다양한데, 특별히 이러한 현상은 큰 도시 지역에 모여든 이민자들로 구성된 메노나이트 교회에 두드러지게 나타난다. 예를 들어 필라델피아에 있는 어떤 메노나이트 교회는 거의 20개의 서로 다른 언어를 사용하여 예배를 드린다. 각 그룹은 저마다 예배 유형이 있었으며 예배에 참석한 사람들의 문화적 전통에 근거한 예배를 드렸다. 아래에 기록한 예배의 정의는 대체로 전통적인 영어권 메노나이트 예배를 근간으로 한 것으로, 주로 북미의 메노나이트의 예배를 반영한 것이다. 어쨌든 이러한 모습은 메노나이트 예배의 독특한 모습이기도 하다.

많은 메노나이트 회중은 오랜 시간을 거쳐 발전되어 온 찬양 특히 사부로 부르는 찬송에 대해 깊이 감사한다. 특별히 스위스 및 남부 독일 전통을 가진 메노나이트들은 예배에 방해된다고 여겨 그 어떤 악기도 사용하지 못하게 했던 적이 있다. 물론 이러한 모습은 이제 먼 기억 속에나 존재한다. 대부분의 회중들은 피아노나 오르간을 사용하며, 회중들이 찬양할 때 여러 종류의 다른 악기도 자주 사용한다. 물론 찬양은 모든 기독교 전통에 공통적으로 나타난다. 그러나 메노나이트들 중 아카펠라로 부르는 4부 합창은 회중의 정체성을 드러내는데 이는 예배에 참여한 개인의 목소리가 조화로운 일치를 이루어 공동체적 사건이 된다는 신학적으로 중요한 의미가 있다.

종종 설교에 앞서 평신도가 성경을 읽는다. 성경의 본문들을 잘 모아놓은 기독교 성구집을 사용하는 회중은 많지 않지만, 전형적으로 설교자 혹은 예배위원회가 설교의 주제를 반영하는 성경본문을 미리 선정한다. 설교는 대개 목사의 임무이지만, 회중 내 멤버가 설교하는 경우도 많이 있다. 다른 교단에서처럼 메노나이트 설교는 그 형태와 내용에 있어서 폭이 매우 넓다. 설교는 주해 똑은 제목설교로 이루어지며 즉흥적으로 이루어지거나 잘 준비된 본문을 읽는 식으로 전달된다. 메노나이트 설교는 감정적으로 잘 절제되어 있다.

우리는 수사학적으로 화려한 설교를 좋아하고, 모든 것을 청중들의 감정에 호소하는 설교가의 인격에 맡기는 경향이 있는데 사실 이러한 설교는 그리스도인의 제자도나 성숙을 제대로 보장하기 힘들다. 종종 설교는 역사 속에서 일하시는 하나님에 대한 이야기를 들려주고 회중들이 전체 이야기를 기억하면서 진정한 정체성이 무엇인지 회상하는 형식으로 선포되기도 한다. 일반적으로 메노나이트들에게 설교는 중요하다. 그러나 다른 프로테스탄트 교회 전통 만큼 설교가 그들 예배의 중심을 차지하는 것 같지는 않다.

여러 회중들은 전형적으로 설교 후 나눔의 시간과 설교에 대한 반응을 듣는 시간을 갖는다. 고교회 전통예배에 익숙한 그리스도인들은 이러한 나눔의 시간을 불편하게 생각할지 모르겠지만, 메노나이트들에게 이 시간은 예배에 있어 매우 중요하다. 이 나눔의 시간에 회중의 멤버들은 설교에 대해 자유롭게 반응한다. 이러한 나눔을 통해 설교에서 채 발전되지 않은 사상과 선포된 내용에 대해 질문하거나 도전하기도 한다. 물론 이러한 나눔은 서로 존중하는 태도로 진행된다. 나눔의 시간은 다른 성도들에게 중요한 행사를 알리거나 정보를 주는 기회 그리고 믿음의 공동체를 위한 기도 시간으로 사용되기도 한다.

개인의 삶에 대해 상세하게 나누는 것 즉 고백, 건강과 관련된 기도제목, 하나님의 임재를 체험했던 간증 그리고 곧 치러질 행사 등을 나누는 것은 생활 공동체로서 교회가 어떻게 서로를 돌보아야 하는지를 잘 드러내준다. 메노나이트들은 이러한 자세한 나눔을 예배 중간에 나누는 것이 적절하다고 생각하는데 이는 그들이 하나님 앞에서 자신의 모든 삶을 충분히 표현하기 원하기 때문이며, 그들이 성과 속이 별도로 구별되지 않는다고 믿기 때문이다.

전형적인 메노나이트 예배는 어른과 어린이들 모두에게 기독교 교육이 제공되도록 시간을 안배한다. 때때로 주일학교를 양육시간이라고 부르기도 하는데, 종종 집중적인 성경공부, 설교말씀에 대한 반응, 혹은 특별한 주제로 토론하기도 한다. 여기서 다시 말하고 싶은 것은 메노나이트 교회는 멤버들의 목소리와 그들의 관점을 폭 넓게 듣는 것을 굉장히 소중하게 생각한다는 점이다. 메노나이트들은 목회 리더십을 존중한다. 그러나 하나님의 뜻과 인도하심을 분변할 때는 그룹들이 함께 생각하고 토론한다. 전문 성직자가 가르치고 이를 수동적으로 듣기만 하는 멤버들은 거의 없다.

이러한 공식적인 요소들이 잘 어울어져 전형적인 메노나이트 예배를 형성한다. 이러한 요소들 중에는 예배 전후 교회 현관에서 이루어지는 자연스런 교제와 대화 그리고 커피를 마시며 나누는 교제, 그리고 주차장이나 주중에 이루어지는 전화 소통이나 여러 작은 모임들이 있다.

주일 아침에 이루어지는 이러한 모든 예배 요소들은 메노나이트 예배를 이해하는데 큰 도움을 준다. 메노나이트들은 하나님의 성령이 이러한 모든 것을 잘 표현할 수 있도록 도와주며 부활하신 예수께서 신자들의 몸에 성육신하고 계심을 믿는다. 우리는 교회에서 예배를 드리고, 찬송을 부르며, 말씀을 듣고, 다른 사람으로부터 배움으로써 하나님을 만나고 경험한다.

11. 가시적 교회: 공동체를 세우는 실행예식

메노나이트 회중들은 공유된 실행예식을 만들어가고 유지해 나간다. 이러한 실행예식들은 규칙적인 예배를 드리며 세례식을 통해 함께 교회에 참여하는 신자들의 결정에 그 뿌리를 둔다. 그러나 메노나이트 회중의 삶은 여러 가지 다른 실행예식과 더불어 보다 더 깊고 풍성해진다. 비록 이러한 것이 아나뱁티스트-메노나이트 전통에만 있는 것은 아니지만, 각각의 실행예식은 성경적이며 신학적인 신념으로 잘 짜여 교회에 대한 메노나이트 이해의 독특한 특징으로 자리한다.

성찬식

다른 기독교 전통에서와 마찬가지로 메노나이트들은 성찬식 즉 주의 만찬을 신실한 교회의 핵심적인 실행예식으로 이해한다. 그러나 성찬식에 대한 이해는 가톨릭교회나 많은 프로테스탄트 전통의 이해와 많은 차이를 보인다. 가톨릭은 성찬식을 성례전이라 부르며 성찬식 그 자체를 통해 신의 은혜가 내려진다고 믿는다. 즉 빵과 포도주를 문자적으로 그리스도의 살과 피라고 이해한다. 그러나 메노나이트들은 일반적으로 성찬식을 보다 상징적인 언어로 이해한다. 세례에 있어서도 중요한 것은 상징으로서 이해한다. 성찬식은 신자들의 몸으로 모인 우리 가운데 살아계신 그리스도의 현존을 드러내는 실재다. 그러나 안수 받은 성직자가 거룩한 언어를 사용하거나 정성껏 준비된 빵과 음료를 먹고 마시는데 참여하는 것 자체가 전혀 신비로운 사건이 아니다.

전통적으로 메노나이트들은 성찬식communion을 예수께서 제자들에게 시행하신 처음 상황을 떠올릴 수 있도록 주의 만찬Lord's Supper이라고 부른다. 복음서들은 주의 만찬에 대한 이야기를 소개하면서 예수께서 유대와 로마 당국자들을 대면하고 마지막 십자가 사건이 기다리고 있는 예루살렘으로 여행을 떠나시는 모습을 상세히 기술하고 있다. 마지막 재판과 고통이 시작되기 바로 전에 예수는 제자들을 모아놓고 그들과 함께 마지막 저녁식사를 잡수시면서 제자들에게 한 번 더 하나님 나라의 가장 기본적인 주제들을 상기시켜주셨다.

예수는 깜짝 놀랄만한 행동과 더불어 식사를 시작하셨다. 피로했던 제자들이 식탁 주위로 모여들었고 예수는 그 집의 종의 역할을 자청하시면서 제자들의 발을 씻기기 시작하셨다.요13장 한 낮에 예루살렘에 입성하시면서 영웅적인 리더의 모습을 보이셨지 않은가! 이에 종종 제자들의 대변인 역할을 했던 베드로가 그렇게 하지 말라고 변호하자, 예수는 제자들에게 진정한 리더는 다른 사람들의 종이 되어야 하며, 사랑의 힘은 연약한 모습과 깨어지기 쉬운 자세에서 나온다는 역설적인 말씀을 들려주셨다.

제자들의 발을 씻기시고 나서 예수는 자신이 겪어야할 고난을 제자들도 준비해야 하며 모든 제자들도 자신의 길을 따를 준비를 해야 한다면서 간단한 저녁식사를 주재하셨다. 예수께서 그들에게 말씀하셨다. "너희들이 빵을 먹을 때, 고통 받은 내 몸을 기억하라. 그리고 너희들이 잔을 마실 때, 내가 흘린 피를 기억하라."고전11:23 이처럼 주의 만찬은 제자들이 함께 모여 예수를 기억하는 행동이다.

세례처럼, 주의 만찬에 참여함은 메노나이트들에게 여러 가지 의미가 있다. 우선, 주의 만찬은 희생적인 예수의 사랑을 기억하도록 하며, 매일 삶 속에서 예수를 따라 살아가겠다고 언약한 세례식에 세운 언약을 다시 기억하는 역할을 한다. 우리가 성찬식에서 빵과 음료를 먹고 마실 때, 하나님의 능력이 연약하고 깨어지기 쉬운 것이라는 사실을 기억한다. 우리도 고난에 참여해야 한다. 그리고 우리자신이 예수께서 따르라고 한 그 길을 걸어갈 때 우리의 안전이 전혀 보장되지 않는다는 사실을 기억해야 한다.

기독교 전통에 있어서 예배에 관한 초기 기록들 중 하나인 『디다케』*Didache*, 엘로론 역간는 주의 만찬의 빵과 포도주를 밀알과 포도의 비유를 들어 설명하였다. 밀알들이 빵이 되려면 아주 고운 가루로 부서져야 하며 다른 밀가루들과 골고루 섞여야 한다. 그리고 포도 알들은 포도주가 되기 위해 서로 으깨어져 주스가 되어야 한다. 마찬가지로 그리스도인들은 자기 자신의 정체성을 포기할 준비가 되어 있어야만 한다. 그래야 그들이 이 세상에서 하나님의 임재를 드러내는 더 큰 목적의 부분이 될 수 있을 것이다. 아나뱁티스트들은 이러한 이미지를 그대로 받아들이며, 종종 주의 만찬이 시행될 때 디다케의 비유를 사용한다.

우리는 주어진 길을 혼자 여행하는 사람이 아니다. 주의 만찬 또한 그리스도의 몸을 기억함remember으로써 다시 그 몸인 교회의 부분이 되는 것이다. "다시 몸의 부분이 됨 re-membering" 빵과 포도주를 먹고 마시는 것은 단지 개인적으로 헌신하겠다는 개인의 경험과 다짐이 아니라 하나님께서 동료 신자들의 공동체에 임재하심을 인정하는 행사다. 이는 교회가 그 안에 있는 모든 개인들을 합한 것보다 더 크다는 걸 보여준다.

성찬을 통해 함께 기리고 맛보는 교회의 일치는 교회가 어떤 존재인지 증거하는 중요한 모습이기도 하다. 메노나이트 교회가 갖고 있는 오랜 전통으로서 주의 만찬은 회중에 속해 있는 모든 신자들 간의 관계가 얼마나 건강한지 잘 살펴볼 수 있는 기회이기도 하다. "합당하지 않게" 주님의 빵을 먹거나 주님의 잔을 마시는 사람에 대한 사도바울의 경고를 생각하며, 목회자들은 공식적으로 모든 신자들이 "하나님은 물론 동료 신자들과 서로 평화한지" 잘 살펴야 한다. 만약 성도들 간에 원한이 있거나 채 해결되지 않은 긴장이나 갈등이 있다면, 이러한 문제가 해결될 때까지 성찬에 참여해서는 안 된다.

끝으로 메노나이트들 또한 역사의 정점에 위치한 음식으로 성찬식을 이해한다. 이것은 요한계시록 19장에 기록되어 있는 어린 양의 혼인 잔치가 말하는 내용이기도 하다. 이 잔치는 땅의 모든 사람들이 함께 식탁 주위에 모여 그리스도의 주되심을 함께 고백함으로써 하나가 되는 모습이다. 이 잔치에는 부자와 가난한 자, 남자와 여자, 새 신자와 성숙한 신자들, 모든 인종, 종족 그리고 경제 그룹들이 다 참여하게 될 것이다. 하나님의 때가 온전히 무르익게 되면, 하나님께서 인류를 향해 계획하신 창조의 연합이 완전히 이루어지고 온 세상이 완전한 모습으로 회복될 것이다. 여기에서 사회적 수직관계는 사라지고 모든 그리스도인들이 하나님을 경배하고 찬양하는 가운데 평등한 하나님의 가족을 이루게 될 것이다. 식탁에 준비된 단출한 음식을 나누는 것은 부족한 사람들로 이루어져있지만 교회가 대항 문화적 사회의 실재이며 계속해서 다가오는 새 창조의 희망과 기대 안에서 살아가야 함을 상기시켜 준다.

그러므로 주의 만찬을 기리는 것은 다양한 측면을 드러내는 사건이다. 주의 만찬은 우리가 그리스도안에서 그의 가르침, 모범, 죽음과 부활을 통해 구원받은 존재라는 사실을 상기시켜준다. 주의 만찬은 우리가 함께 살아있는 몸 즉 교회 안에서 서로 돌보고 교제함으로써 구원받고 있는 존재라는 사실을 상기시켜준다. 그리고 주의 만찬은 하나님께서 새로운 창조가 "하늘에서 이룬 것처럼 땅에서" 이루실 때 우리의 부활과 모든 것이 온전하게 이루어질 것이며 그러한 희망 안에서 구원받을 존재라는 사실을 상기시켜준다.

그러므로 메노나이트들에게 성찬식의 실행은 거룩한 순간으로 자리한다. 이는 성찬의 빵과 포도주라는 요소들이 우리를 변화시키기 때문이 아니라, 성찬식이 우리 삶의 모든 순간에 임하시는 하나님의 현존하심과 그 하나님의 변화시키시는 실재를 생생한 모습으로 보여주기 때문이다. 만약 우리가 눈을 열고 하나님께서 보여주시는 신비에 참여하기만 한다면.

세족식

좀 세밀한 방식으로 살펴본다면 문자적으로 교회에 속한 신자들이 서로의 발을 씻겨주는 세족식은 믿음의 본질에 대한 깊은 이해를 아주 구체적으로 표현해주는 실행예식임을 알 수 있다. 우리 문화에서 남의 발을 씻어주는 것은 아주 낯선 장면이다. 그러나 이를 시행하는 것은 엄청난 상징적 행위다. 다른 사람의 발을 만지는 친밀한 행위와 더불어 세족식은 우리가 미국 문화의 사적인 영역을 넘어서도록 요청한다. 아주 친밀한 제스처로서 시행하는 세족식은 교회 가족이 생물학적 가족보다 더 크고 우선한다는 고백이다. 세족식을 행할 때 우리가 신체적으로 겸손한 자세를 취해야 하는데, 이는 모든 사회, 경제, 문화, 인종적 차이를 넘어선다는 메시지가 담겨있다. 사랑과 상호 복종의 모습으로 서로를 섬기겠다는 진술들을 기초로 세족식은 우리의 욕구들을 영적인 예식으로 지켜 나갈 수 있도록 해준다.

상호부조

비록 세족식이 교회 안에서 사랑과 상호 복종의 표지가 될 수 있지만, 상호부조의 오랜 전통은 이러한 가치들을 드러내는 구체적인 표현이다. 역사적으로 회중의 가난한 신자들과 물질을 나누고 돕는 것은 실제로 필요한 일이었다. 박해에 직면해 있거나 강제로 이주해야 했던 격변기에 아나뱁티스트들은 생존의 문제를 위해 서로 도와야 했다. 역사 속에서 가장 분명한 예는 후터라이트들의 경우이다. 1528년 모라비아의 니콜스부르그로 도망해야 했던 후터라이트들은 자신들이 가진 모든 것을 포기한다는 의미로 외투 위에 그들이 가진 모든 것을 올려놓았다. 만약 행동의 기본 원리로서 이러한 나눔의 행위를 성경적·신학적 이유로 삼지 않았다면 "물질 나눔의 공동체"적 실천이 후터라이트의 핵심적인 특징이 되지 않았을지 모른다.

전 역사에 걸쳐 메노나이트들은 부와 재물의 노예로 살지 않도록 초청한 예수의 급진적 가르침을 분명하게 의식하고 있었다. 결국 아담과 이브는 타락하기 전까지 자신들의 재산을 소유하지 않았다. 초기 아나뱁티스트들의 논쟁에 따르면 물질의 소유권은 확장된 자아로서 하나님과 다른 사람들을 의지하지 않아도 된다고 여기는 자아의 본모습과 관련되어 있다. 그리스도의 영과 진리로 하나가 된 그리스도인들은 그들의 시간, 자원, 재능 및 그들이 갖고 있는 재물들을 믿음의 공동체를 위해 포기할 것이다.

상호부조에 대한 아나뱁티스트들의 가르침은 사도행전 2장과 4장이 기술하고 있는 것처럼 초기 교회의 모범에 기초한다. 오순절 이후 얼마 되지 않아 사도적 교회가 출현하면서, 회원들은 정기적으로 재물을 팔아 교회 안의 가난한 사람들을 위해 자유롭게 나누었다. 가난한 사람들과 재물을 나눔으로써 서로를 책임지려 했던 이들은 믿음은 아나니아와 삽비라의 예를 통해 분명하게 드러난 것처럼 조금이라도 거리낌이 없이 실천으로 옮겨졌다. 자신들이 판 땅의 얼마를 숨겨두었던 이들의 거짓된 행동은 결과적으로 죽음을 초래하였다. 행5장 아나뱁티스트들에게 이 이야기의 핵심 메시지는 너무나 분명하다. 이기주의는 곧 죽음이다. 적어도 그것이 물리적인 죽음이 아니라면 영적인 죽음으로 다가올 것이다.

기독교 신앙의 아주 중요한 부분으로 물질을 공유하며 사는 후터라이트들과는 다르게 메노나이트들과 같은 대부분의 다른 아나뱁티스트 그룹들은 관대함과 단순성을 강조하는 자발적인 상호부조를 가르친다. 현재 메노나이트 교단에 속한 거의 모든 교회들은 상호부조에 참여하고 있으며 대부분의 회중들은 구체적인 용도의 기금을 마련하여 신자들의 재정적 필요를 돕고 있다. 이와 동일하게 중요한 것이 교회 내 소그룹활동인데, 현재 메노나이트 회중들은 소그룹으로 나누어 정기적으로 식사, 기도, 봉사 프로젝트를 위한 모임을 갖고 있다. 이는 핵가족을 넘어서 회중의 멤버들이 상호책임을 지는 방법이기도 하다. 믿음의 공동체로 이사를 오거나 다른 곳으로 이사를 가는 사람은 이러한 변화에 실제적으로 필요한 도움을 얻을 수 있다. 상호부조는 종종 필요에 따라 음식을 제공하거나 자기 집을 열어 손님을 맞이하는 환대의 형태를 취하기도 한다. 지난 몇 십 년 동안 『메노나이트 유어웨이*Mennonite Your Way*』라는 책이 발간되어 널리 유포되었다. 이 책에는 자기 집에 여행객을 맞이하고 환대하기 원하는 개인들의 정보가 수록되어 있다. 이러한 실천은 단순히 여행비를 절감하기 위한 것뿐만 아니라 새로운 친구들을 만나고 싶어 하는 사람들이 방문객들을 환대하면서 교제할 수 있는 기회를 제공해준다.

이러한 실천들 뒤에는 다른 성도들의 필요에 반응하기 위해 자신들의 재물을 기꺼이 나누겠다는 "일차 가족"으로서 교회에 대한 이해가 자리하고 있다. 최선의 모습으로서 상호부조는 우리가 갖고 있는 모든 것에 있어서 하나님을 의지해야 함을 상기시켜준다. 다른 사람들과 재물을 나누는 것은 하나님께 감사를 드리는 표현이자 공동체를 가치를 높이는 방법이기도 하다.

상호책임/훈계.

상호부조의 실천은 물질의 나눔에 초점이 있다. 반면 아나뱁티스트-메노나이트 전통은 그리스도인들이 재물을 넘어서 서로를 향한 의무와 책임이 있다고 이해한다. 기독교 공동체의 멤버가 되는 것은 영혼의 돌봄과 양육을 충실하게 공유한다는 의미이기도 하다. 이러한 헌신은 종종 교회의 훈계로 표현되기도 하는데, 상호책임이라는 말로 더 잘 표현될 수 있다.

현재 우리 문화에서, 상호책임이라는 언어 혹은 교회의 훈계라는 표현은 거의 부정적인 의미를 내포하고 있다. 특별히 훈계는 징계와 동일시되고 좀 더 힘이 센 쪽의 뜻을 힘이 덜 센 쪽에 부과하는 방식으로 이해한다. 실제로 메노나이트 교회 내에서 훈계는 때때로 지나치게 열심인 회원이나 권력욕이 있는 목회자들에 의해 잘못 사용되어지기도 했다. 그러나 이러한 실천의 배후에 놓여있는 핵심 원리는 깊은 사랑의 실천과 제멋대로 행동하는 회원들을 하나님과 공동체의 다른 회원들과 올바른 관계를 회복시키는 목회적 돌봄에 그 뿌리를 두고 있다.

이러한 "훈계"에 대한 보다 긍정적인 의미를 보여주는 예는 세속적인 환경에서 더 분명하게 드러난다. 예를 들어 스포츠 경기에서 매일하는 훈련과 가혹한 조건에서의 훈계는 선수들로 하여금 경기 기간 동안 최상의 상태로 경기에 임할 수 있도록 만들어 준다. 각 선수들이 이기심이 없이 헌신하는 그룹은 훈련을 받지 않은 채 재능만을 가지고 경기를 하는 팀보다 훨씬 훌륭한 경기를 펼치게 되어있다. 회중에도 훈계는 별반 다르지 않다.

교회의 실행예식과 더불어 메노나이트들은 교회의 훈계가 성경의 가르침에 근거한다고 이해한다. 마태복음 18장에 나타난 그리스도의 가르침은 도움이 될 만한 가르침일 뿐만 아니라 반드시 시행해야할 과정으로 소개하고 있다. 훈계는 사적인 대화에서 한 후, 점차적으로 회중 전체에 공개하는 식으로 전개해 나간다. 각 단계마다 의문의 사람은 그들의 행동을 되돌아볼 기회를 가져야 하며 사람들에게 이를 설명해야 한다. 성도들은 훈계를 시작한 사람들이 상황을 잘못 이해했을 가능성을 인정해야 한다. 현대 메노나이트에서는 거의 시행하고 있지 않지만, 어떤 사건이든지 출교는 길고 긴 모든 과정이 다 끝났을 때에만 일어나야 한다. 출교할 때라도 그것은 공식적인 승인을 통해 개인을 거부하는 것이 아니라, 의문의 사람은 그룹 전체의 이해와 헌신에 대해 근본적인 방향을 추구할 의도로 진행되어야 한다. 이러한 기본 원칙들은 그가 몸의 일치를 훈계했던 고린도교회에 쓴 편지글에도 잘 나타나 있으며 고전12:25~27 그리고 타락한 세상과 신실한 교회의 본질이 서로 분리되어 있다고 강조하였다. 고후6:14~7:1

때때로 아나뱁티스트-메노나이트의 "흠도 없고 점도 없는"엡 5:27교회에 대한 탐구는 율법주의나 완벽주의라는 건강하지 못한 형태로 나타나기도 한다. 그럼에도 불구하고, 교회 안에 훈계가 필요한 것은 잘못을 징계하기 위함이 아니라 회복하기 위함이 그 목적이다. 훈계는 제멋대로 행동하는 회원을 다른 신자들과의 교제 안에서 믿음, 제자도, 관계에 대해 온전한 이해로 나아가도록 돌보기 위함이다.

훈계를 시행하는 것은 특별히 자발적인 세례와 비폭력이라는 메노나이트 교회의 독특한 신념들과 서로 긴밀하게 연관되어 있다. 예를 들어 교회의 일원으로 가입하는 것은 공동체의 가르침대로 살기로 기꺼이 헌신한다는 말이다. 그러므로 이러한 선택을 성실히 이행하기 위해서는 회중에 대한 헌신을 따르지 않는 사람을 가르치고 훈계하는 공동체가 있어야만 온전히 보존된다. 아나뱁티스트 교회가 한 번도 지적한 적이 없는 훈계가 없는 교회는 유아에게 세례를 주는 꼴과 같다. 사람들을 훈계하면 자발적으로 교회의 멤버가 되려는 결정이 보다 능동적인 선택이 될 것이다.

그 형태에 있어서, 마태복음 18장에 따라서 시행하는 훈계는 그리스도의 비폭력 규칙을 분명하게 따르는 모습으로 이루어져야 한다. 이단자들을 협박하고, 고문하고, 처형함으로써 일치를 추구하는 국가 교회와는 완전히 반대되는 모습으로써, 아나뱁티스트들은 양심은 물리적 강요에 의해 흔들 수 없다고 주장하였다. 파문과 추방의 성서적 모델은 그리스도의 비폭력의 가르침과 능동적 사랑에 부합되는 것이다.

메노나이트들의 훈계와 상호책임에 대한 헌신은 결코 간단한 문제가 아니다. 그들은 공동체가 분변의 과정에 힘을 기울여야 하며, 믿음과 실천이라는 매일의 삶 속에서 구체적으로 드러나는 본질과 비본질적인 일들을 끊임없이 분변해야 한다는 사실을 거듭 강조한다. 과거에 흔들리지 않는 모습으로 훈계를 시행한 것이 그 자체가 목적이 된 적이 있었고 그래서 문제를 해결하기 보다는 더 많은 갈등이 빚어지기도 했었다. 그러나 상호책임을 실천하고자하는 강한 신념은 그리스도의 몸으로서 서로를 잘 연결해 줄 것이다. 그리스도의 몸으로서 우리는 개인적인 변덕과 사적인 기호를 어떻게 극복할 것인가? 훈계의 핵심이자 요한복음에 기록된 그리스도의 기도 내용을 성취하기 위해 우리는 "하나가 되면" 그 결과를 "세상이 믿게" 될 것이다. 요17:21

교회와 국가의 분리

여전히 또 다른 메노나이트 교회의 특징적 실천은 그리스도인의 교회에 대한 충성심은 국가에 대한 복종에 우선한다는 점이다. 중세시대에 그리고 18세기에 잘 드러났던 것처럼, 유럽은 일반적으로 교회와 국가의 유착을 아주 당연한 것으로 여겼다. 교육부와 통상부가 국가의 중요한 부분이 되어 있는 것처럼 교회가 그런 역할을 감당하였다. 물론 지금은 국가와 교회의 분리가 헌법에 근거하여 입법부의 명백한 원리로 규정되어 있다. 그럼에도 실제 시행에 있어서는 여전히 정치적 논쟁거리와 사법부의 고려사항이 되고 있다. 예를 들어 많은 미국의 그리스도인은 미국을 기독교 국가로 간주하며 종종 국가에 대한 충성과 교회에 대한 충성을 애매하게 뒤섞어놓는 발언을 한다.

16세기 아나뱁티스트들은 국가의 경계선을 능가하는 교회의 정체성에 대해 그리스도께 최고의 충성을 바치는 자발적인 신자들의 연합으로 교회를 분명하게 규정하였다. 이러한 노력은 혁명적이면서 동시에 위협적인 모습을 띠었다. 메노나이트들은 그들의 시민권을 별로 중요하게 생각하지 않음으로써 이러한 전통을 현재에도 지속시키고 있다. 비록 정부 리더들을 위해 규칙적으로 기도하고, 법에 복종하고, 일반적으로 세금을 충실하게 내지만, 그럼에도 불구하고 메노나이트들은 종교적인 목소리를 통해 국가주의의 언어를 사용하는데 있어 꽤나 조심스러워 한다. 이들에게 그리스도의 길과 국가의 정책 사이의 관계는 가능한 엮이지 않는 것이 최선이다. 일부 메노나이트들은 자신의 신앙을 표현하는 방식으로 정치적인 세계에 관여한다. 그렇지만 대다수의 메노나이트들은 사회 변화의 주된 대리인으로 교회가 위치한 지역과 국제적인 정황에 맞는 봉사와 섬김 프로그램을 통해 세상과 연결을 시도한다.

선교: 강요하지 않으며 사람들을 초청함

메노나이트 교회의 정체성을 이해하는데 여전히 중요한 실천 분야가 있는데 그것이 바로 사람들을 초청하는 선교다. 메노나이트들은 기독교 사회에 속해 있다고 할지라도 모든 사람들을 실제 그리스도인이라고 여기지 않으며, 그런 의미에서 선교를 가정에서 아이들, 친척, 이웃 그리고 친구들과 더불어 시작한다. 역사 초기부터 메노나이트들은 강단에 서는 일과 출판 일에 접근하지 못하도록 제한되었다. 그래서 아나뱁티스트들은 운동을 빠르게 전파하기 위해 사람을 직접 접촉하여야 했다. 처음에는 주로 가족관계, 친구, 그리고 직업을 통해 접촉하였다. 순회 설교가는 아나뱁티스트들에게 공감을 보이는 사람들의 가정을 찾아가 설교하였고, 그 집에 살고 있는 친척들과 친구들에게 성경을 읽어주고 자세하게 설명하였고, 이 운동에 헌신할 준비가 된 사람들에게 세례를 주었다.

그러나 결국 박해가 이 운동의 예리한 선교의 축을 무디게 하였다. 그 결과 18세기와 19세기 유럽과 북미 메노나이트들은 선교를 하지 않는 "조용한 사람들"로 알려지게 되었다. 그들은 농사를 짓는 땅의 사람들로 모여 살았고 주로 대가족을 이루며 양적으로 성장하였다. 20세기 초에 메노나이트들은 선교에 강한 헌신을 보이게 되었는데, 미국의 복음주의가 표방했던 보다 공격적이고 십자군 형태의 선교방식과는 거리를 둔 그들만의 독특한 목소리를 갖게 되었다.

메노나이트 선교는 종종 다양한 형태로 이루어진다. 다른 기독교 그룹과 같이 메노나이트들은 구원으로의 초청은 설교, 가르침,

나눔, 간증 등 언어로 표현되어야 한다고 믿는다. 베드로가 말한 것처럼 "그들이 가진 희망을 설명하여 주기를 바라는 사람에게는, 언제나 답변할 수 있게 준비를 해 두었다."벧전3:15 그러나 메노나이트들은 전통적으로 사람들을 설득하고 납득시키는 소통방식이 필요하다는 생각이나 주장하는 식의 선교에 대해 다소간 주저하는 모습을 보인다. 보다 전형적으로 메노나이트들은 정직하고, 자비로운 삶을 통한 생활전도 방식으로 선교를 한다. 메노나이트들이 이해하는 구원은 신약성경이 말하는 "그리스도 안의 새로운 피조물"로 항상 삶의 변화를 수반해야 하기 때문에, 메노나이트들은 가는 곳마다 정직하고 신뢰할 만한 사람들이라는 평판을 얻었다. 이러한 평판을 빠르게 얻은 것은 그리 놀랄만한 일이 못되며 정부관계자들도 이들의 모습에 대해 감탄하거나 못마땅하게 여길 정도였다.

그리스도에 대한 증언은 말과 행동이 일치될 때에만 신뢰할 수 있다는 것이 이들이 말한 선교 메시지이다. 요한1서 4:12에는 "지금까지 하나님을 본 사람은 없습니다. 그러나 우리가 서로 사랑하면, 하나님이 우리 가운데 계시고, 또 하나님의 사랑이 우리 가운데서 완성된 것입니다."라는 말씀이 있다. 다른 말로 표현하자면 하나님은 그리스도인들이 서로 사랑하는 것을 통해 이 세상에 드러난다는 말이다.

설교, 도덕적으로 일관성 있는 증언, 함께 모여 사는 공동체의 실천 등 선교의 형태는 모두 메노나이트들의 선교활동에 있어 본질적인 모습이다.

요약

메노나이트들은 교회를 자발적인 신자들의 공동체로 본다. 그리스도의 가르침에 대해 비싼 비용을 치르고서라도 따르려는 그들의 결정은 불가피하게 이 세상과 긴장관계를 갖게 한다. 최소한 이상적인 형태로서 그들이 모이는 공동체는 공동체의 맥락 속에서 함께 성경을 읽고 그 성경이 뜻하는 바가 무엇인지 함께 분변하도록 인도한다. 믿음 안에서 새로 회심한 사람들이 그리스도의 길을 따르도록 양육하고, 도전하고, 지속적으로 교육하고 훈련시키는 것은 공동체가 감당해야 한다. 역사 속에서 하나님의 구원하는 행동에 조점을 맞추는 곳은 국가도 아니고, 제도적 교회도 아니고, 가정이나 개인이 아닌 함께 모인 공동체이다.

교회에 대한 메노나이트들의 입장을 올바로 이해하기 위해 가족의 비유를 사용하여 생각해 보는 것은 도움이 된다. 물론 가족이라 할 때 가족에 대한 법적 정의를 생각해 볼 수 있겠으나, 대부분의 사람들은 서로 다른 수준에서 자주 만나서 살아가는 사람들의 그룹을 가족이라 생각한다. 가족은 늘 반복되는 일상 속에서 함께 밥을 먹고, 청소하고, 빨래하고, 해야 할 일을 정한다. 가족은 종종 일상 속에서 서로 다른 의견으로 말다툼을 하기도 한다. 또한 친밀감과 절대적인 신뢰를 주고받으며 진정한 기쁨을 함께 나누기도 한다.

이러한 모든 삶의 모습은 상호작용을 통해 이루어지며 함께하는 가족 구성원들을 하나로 묶는다. 가족의 정체성은 결코 어떤 한 순간이나 한 사건으로 축소시켜 이해할 수 없다. 그러기에 가족은 대가족의 구성원들이 보여주는 헌신과 삶이라는 맥락과 개인의 정체성을 존중하는 가족구성원들의 상호작용을 통해 형성되는 매우 소중한 선물이다.

교회 주변의 세상과 분리된 공동체로서 교회를 강조한 것은 메노나이트 교회를 위험에 처하도록 만들고 소수그룹이라는 인상을 심어주었다. 그러한 그룹은 개인의 결정을 단단히 통제하였으며 그 결과 개인의 정체성과 자유가 함께 사라지게 되었다. 기독교 신앙에 대한 메노나이트들의 이해는 개인주의와 우리 주변의 문화에 큰 도전이라는 것은 사실이지만, 그 목적은 독특한 개성을 파괴하기 위해서가 아니라, 그리스도의 몸을 세움에 있어 각 사람의 명예와 존엄을 존중하는 가운데 개개의 독특한 정체성이 제대로 살아나도록 돕기 위해서다.

이러한 고상한 이상에도 불구하고 메노나이트들은 타락한 세상의 부분이 되어 있는 불의와 더불어 싸우고 기본 권력 투쟁으로부터 도망치지 않는다. 때때로 우리가 속한 회중에서 목소리 큰 사람들이 의사결정을 주도한다. 때때로 교회 예산에 크게 기여하는 사람들이 어울리지 않게 큰 영향력을 행사하기도 한다. 때때로 교육을 받은 전문인들의 의견이 우선시되는 반면 노동자들의 목소리가 잘 들리지 않도록 만들기도 한다. 그리고 때때로 백인 남성들의 관점이 우세를 점할 때도 있다. 분명히 메노나이트 교회들은 완전하지 않다. 그러나 메노나이트 전통 안에서 사람들은 권력의 잘못된 사용에 대해 도전하고, 보다 더 높은 기준을 따라 살도록 회중을 불러내는 등 많은 자원들을 발견할 수 있다.

　　메노나이트 회중들은 세상을 향한 하나님의 사랑과 모든 사람들이 서로를 존중하고 신뢰하기를 바라시는 하나님의 뜻을 변함없이 기쁘게 증거하는 일을 실천하며 살아간다.

12. 가시적 교회: 비판과 지속적인 질문들

현대 독자들에게 메노나이트들의 교회에 대한 이해는 그다지 급진적으로 들리지 않을 수 있다. 결국 교회와 국가의 분리라는 원칙이 거의 200년이 넘도록 미국 헌법의 토대가 되어 왔다. 그리고 종교적 신념을 별로 해가 되지 않는 개인적인 신화로 처리해버리는 세속적인 문화 속에서, 여러 다른 교단에 속한 그리스도인은 자신들의 교회가 자발적인 단체로서 그리고 능동적으로 선택한 성인 신자들로 교회가 이루어진다고 생각한다.

그러나 16세기에 아나뱁티스트들이 가졌던 교회에 대한 관점은 폭력적인 반응을 촉발시켰다. 자발적인 교회, 즉 개인이 믿음을 받아들일 수도 있고 거절할 수도 있다는 사상은 시대를 초월하여 일치를 유지해왔던 가톨릭교회에 대한 도전으로 보였으며 정치적 질서와 안정을 위협하는 것으로 여겨졌다. 게다가 아나뱁티스트들은 정치와 경제를 포함한 삶의 모든 것을 신약 성경의 기준에 따라 판단하였고, 천년 이상 이어온 기독교와 문화를 크리스텐덤이라 규정하였다.

그러기에 가톨릭이든 프로테스탄트든 당시 정치와 종교 당국자들이 모두 아나뱁티스트들을 유럽 사회의 근간을 흔드는 무정부주의자로 규정한 것은 그리 놀랄 일이 아니다. 감사하게도 지금은 메노나이트들을 만나면서 그들이 사형을 받아 마땅한 자들이라고 주장하는 사람은 없다. 그러나 16세기에 표현되었던 관심사들은 현재 메노나이트들과 다른 교파들 간에 계속되는 중요한 신학적 토론의 주제로 자리하고 있다.

메노나이트들의 교회와 국가에 대한 이해는 무책임하다.

경찰에 지원하지 않고, 군복무를 하지 않으며, 법정에서 맹세를 하지 않는 메노나이트들은 시민 정부의 근간을 침식시키는 것처럼 보인다. 만약 모든 사람들이 이러한 입장을 취하고, 반대자들이 모든 것을 감당해야 한다면, 사회는 범죄자들에 의해 완전히 점령당할 수 있고, 테러집단들과 이웃국가로부터 공격을 당하게 될 것이다. 틀림없이 누군가는 인간 사회의 질서를 보존할 책임을 감당해야 할 것이다. 그렇게 하지 않으면 폭군과 압제자들에 의해 틀림없이 기독교의 자선의 대상인 대부분의 사람들은 사회의 약자들로 희생될 것이다. 메노나이트들의 교회와 국가에 대한 이해는 단순히 무책임한 것일 뿐이다.

이러한 생각에 대한 메노나이트들의 반응은 비록 반대자들에게 별 설득력이 없지만 일반적으로 다음과 같이 설명된다.

1. 우리는 모든 나라에 있는 그리스도인들이 정치인들을 존중한다고 믿는다.

그리스도인들은 그들의 리더들을 위해 기도해야만 한다. 그리고 예수의 가르침과 갈등이 되지 않는 한도 내에서 그 나라의 법을 존중하고 따라야 한다. 메노나이트들은 기존의 정치권을 반대하여 무정부 상태나 혁명을 결코 옹호하지 않는다. 대신에 이전 장에서 살펴본 것처럼, 대부분의 메노나이트들은 국가를 선을 추구하고 행악자를 벌하는 긍정적인 기능을 행해야 하는 하나님의 질서로 본다. 타락한 세상에서의 질서도 무정부보다 낫다. 로마서 13장이 기록한 것처럼 일반적으로 그리스도인들은 비록 제한적이기는 하지만 이러한 중요한 임무를 수행하는 존재로서 국가를 후원해야 한다. 그러나 로마서 13장에서 바울이 기록하고 있듯이 국가의 리더들을 그리스도인으로 이해해서는 안 된다. 그리고 비록 국가의 질서가 혼돈스러울지라도 질서를 이루기 위해 그리스도인들에게 폭력을 사용할 의무가 있다고 주장하는 것은 이 성경본문의 가르침이 아니다. 대신에 바울은 이전 장의 기록을 통해 그리스도인들이 궁극적으로 다른 왕국의 시민들임을 기억해야 함을 명시하였다. "여러분은 이 시대의 풍조를 본받지 말고, 마음을 새롭게 함으로 변화를 받아서, 하나님의 선하시고 기뻐하시고 완전하신 뜻이 무엇인지를 분별하도록 하십시오."롬12:2 "여러분을 박해하는 사람들을 축복하십시오. 축복을 하고, 저주를 하지 마십시오."12:14 "아무에게도 악을 악으로 갚지 말고, 모든 사람이 선하다고 생각하는 일을 하려고 애쓰십시오."12:17 "악에게 지지 말고, 선으로

악을 이기십시오."12:21

2. 같은 맥락에서, 우리는 사회의 약자, 가난한 사람, 능력 없는 사람과 함께 책임을 나눈다.

비록 모든 메노나이트들이 똑같은 내용을 똑같은 모습으로 실천한다고 할 수는 없지만, 대부분은 폭력의 피해자들을 돌보는 일과 책임을 회피해서는 안 된다고 믿는다. 대신 우리는 그리스도의 이름으로 "냉수 한잔이라도 들고"마10:42 다가가는 모습으로 인간의 고통에 기꺼이 반응한다. 메노나이트들은 종종 감당하기 어렵지만 가르치는 일, 사회사업, 전문 의료와 같은 영역에 적극적으로 나선다. 메노나이트 재난 봉사단Mennonite Disaster Service은 수백 명의 자원봉사단을 조직하여 자연재해로 피해를 입은 가족들을 돕고 있다. 원수를 갚거나 보복하지 말고 관계를 회복한다는 원칙으로 메노나이트들이 시작한 피해자-가해자 화해프로그램Victim-Offender Reconciliation Program, VORP은 범죄 사법 체계에 창조적인 대안을 제시하고 있다. 그리고 국가의 경계선을 넘어 그리스도의 사랑을 실천하기 위한 메노나이트들의 헌신은 풀뿌리운동으로 시작된 구호 및 봉사 기관인 메노나이트 중앙위원회 Mennonite Central Committee을 통해 세계 곳곳에서 표현되고 있다. 확실히 말할 수 있는 것은 메노나이트들이 이러한 목표들을 수행하는데 완벽하지 않다는 점이다. 그러나 메노나이트들의 언행이 항상 일치하지 않는다고 해서 매일 삶 속에서 그리스도의 가르침을 실천하려는 노력을 중단할 필요는 없다.

3. 끝으로 메노나이트들은 사회질서를 책임 있게 보존하기 위해 폭력이 효과적이라는 주장에 대해 진지한 질문을 던진다.

많은 사람들은 치안을 유지하기 위해 국가가 사용하는 폭력비록 그것이 경찰력과 군대라 할지라도은 절대적으로 필요하다고 생각하며 자라왔다. 그러나 우리는 실제로 오랜 기간 동안 국가가 사용하는 폭력은 정확히 시민들이 낸 비용에서 온 것이라는 사실과 얼마나 많은 재정적, 감정적, 영적 비용이 치러졌는지 계산하지 않은 채 살아왔다. 의로운 명분 아래 폭력은 더 많은 폭력을 낳고 있다. 어쨌든 사회질서와 안전을 지킨다는 이름 아래 이러한 치명적 폭력 사용을 옹호하는 것은 그 해결책이 얼마나 효과가 있는지 치밀하게 계산할 필요가 있다.

교회와 사회에 대한 메노나이트의 관점은 너무 이원론적이다

마찬가지로 메노나이트 전통이 갖고 있는 교회에 대한 이해에 대해 지나치게 이원론적이라는 비판적인 목소리가 있다. 메노나이트들은 교회는 타락한 세상과 가시적으로 분리되어야 한다고 주장하면서 유치하고, 교만하고, 위험하기까지 한 방식의 양극화된 세계관을 장려한다고 비판한다. 메노나이트들은 이것이 구원받은 성도들의 공동체의 모습이거나 아니면 타락한 이 세상의 부분이라고 말 말하는 것처럼 보인다. 그러한 이원론적 관점은 마치 소수의 사람들메노나이트만이 하나님이 "선택한 백성"이며 나머지 세상은 하나님의 관심밖에 있다고 암시하는 것처럼 들린다. 최악의 형태는 메노나이트들의 두 왕국에 대한 이해를 사이비적 관점으로 장려하여, 이를 감정과 영적으로 악용하여 가능한 모든 사람에게 지옥으로 치닫는 세상 속에서 영원한 안식처를 제공할 수 있는 양 설명하는 모습이다.

비록 우리시대의 메노나이트들 중에 이러한 이원론적 언어를 사용하여 교회를 설명하는 사람들은 거의 없지만, 이러한 식의 비판은 진지하게 다루어야 한다. 메노나이트들은 자신들의 교단에 속하지 않은 모든 사람들은 지옥에 떨어지게 될 것이라고 믿는다고 주장하는 사람들이 있기 때문이다.

이러한 비판에 대한 메노나이트의 반응은 간단하다. 모든 사람들은 그리스도인이든 아니든 윤리적 선택권이 있다는 사실을 인정한다. 인간은 끊임없이 가치 있는 판단을 하면서 우리의 삶과 우리 주변의 삶에 영향을 끼친다. "이거냐" 아니면 "저거냐" 하는 식의 양자택일적인 선택은 불가피하게 우리가 이러한 대안에 대해 판단을 해야 한다는 것을 의미한다. 만약 하나님의 부르심에 신실하게 반응하기 위해 기울이는 그리스도인들의 노력이 다른 이들의 선택을 판단하는 행동을 말하는 것이라면, 메노나이트들은 "유죄" 선고를 받아야 한다. 그러나 만약 도덕적 선택이 전혀 그러한 의미가 아니라면 이러한 딜레마에 빠져있을 이유가 전혀 없다.

그러한 판단을 해야 하는 것은 사실이다. 실제로 메노나이트들은 다른 사람들이 세워놓은 이해와 다르기 때문에 긴장을 일으키는 교회에 대한 비전을 갖고 있다. 그러나 메노나이트들이 추구하는 비전은 다른 사람들을 정죄하는 내용이 아니라, 예수의 가르침을 올바로 이해하고 그 이해에 신실한 사람으로 살게 하는 비전이다.

　　같은 맥락에서 메노나이트들은 항상 겸손을 기본적인 덕으로 여긴다. 그들의 역사는 철저히 그리스도의 가르침과 연관되어 있고 그의 가르침의 명료성에 대한 확신과 이를 어떻게 실천해야 하는지 끊임없이 추구한 역사였다. 그러나 그들은 유일한 진리 the Truth를 완전히 이해할 수 있다고 주장하지 않는다. 그들의 소망은 항상 하나님의 뜻을 적극적으로 분변하고 시험하는 공동체 안에서 움직이시는 성령님과 성경의 목소리를 경청하려고 애쓴다.

　　비록 메노나이트들이 이해하는 교회가 세상과 교회 사이에 아주 분명한 선을 그어놓았지만, 이들은 이 선을 지키기 위해 치명적인 무력을 사용하여 변호하는 것은 옳지 않다고 여긴다. 진리는 항상 우리들이 논쟁하는 것보다 크고 우리들이 사용하는 무기보다 더 강력하다. 우리는 두려움 없이 이 자유를 드러낸다. 그러나 이 진리를 다른 사람들의 의지를 거슬러가면서까지 강요해서는 안 된다고 믿는다.

　　메노나이트들이 다른 교파의 교인들을 그리스도인들이라고 생각하는가? 물론이다. 메노나이트들은 다른 사람의 구원에 대해 판단하기를 매우 꺼려한다. 구원을 사람이 결정하지 않고 하나님께서 결정하신다는 성경의 가르침에 감사한다. 제한된 이해와 실수투성이인 본성을 갖고 있지만, 우리는 믿음과 실천에 관련된 선택을 분변하는 것이 우리에게 주어진 소명이라고 믿는다. 그러나 우리는 과거의 구원에 대한 이해가 불완전하였고 때로는 잘못된 것이었음을 알고 있다. 이러한 사실을 인정하는 것은 상대주의를 의미하는 것이 아니라,

최종적인 판단을 너무 쉽게 하지 않도록 조심해야 함을 의미한다. 메노나이트들은 우리 모든 사람들이 하나님께 대해 상호책임을 져야 하고, 결국 우리 모두가 창조주 앞에 서게 된다는 사실을 믿는다. 궁극적인 심판은 하나님의 손안에 있기 때문이다. 어떤 사람에게 구원이 있는지 없는지 그리고 그리스도의 이름으로 모든 사람이 구원을 결정하는 것은 우리에게 달린 문제가 아니다.

그러므로 메노나이트들은 이 질문에 대해 조심스러운 태도로 무지한 상태에 있다고 변론한다. 우리에게 은혜를 베푸신 하나님의 선물에 감사하며 살 뿐이다. 이 은혜는 우리가 세상이 하는 거짓말을 거부하도록 힘을 주며, 우리의 일상에서 그리스도의 형상을 이루어 나가도록 능력을 부여한다. 그러나 동시에 메노나이트들은 우리가 알아야 할 것 이상의 것을 알려고 들지 말아야 한다고 주장한다.

이 시대의 메노나이트들에게 주어지는 지속적인 질문들

1. 예배의 가장 적절한 형태들에는 어떠한 것들이 있는가?

현재 메노나이트 교회 내에서 예배의 형식에 대한 질문보다 더 시의 적절한 질문은 많지 않다. 특히 음악과 관련된 예배 형식에 대한 질문은 여러 의견으로 나뉘어져 있다. 이러한 토론의 밑바탕에 깔려 있는 에너지는 음악의 패턴과 형태가 예배 그 자체와 거의 분리되지 않고 있다는 사실에서 비롯된다. 예를 들어 가톨릭 신자들은 성찬식의 포도주는 은으로 된 성배에 담겨있어야 한다고 주장한다. 그러나 만약 어떤 사제가 야외용 반합에 포도주를 담아 성찬식을 거행한다면 아마 이는 엄청난 위법이라 말하며 동요할 것이다. 우리 교회의 건축 양식, 주일 예배 순서, 우리가 만나는 공간의 아름다운 장식, 예배에 사용하는 첨단 장비, 예배음악의 형태와 리듬과 그 내용 등 많은 고려 사항들은 우리 예배의 궁극적인 대상인 하나님께는 비본질적인 것이다. 그러나 우리는 이러한 세부적인 내용들과 더불어 생활하며 성장한다. 그러기에 이러한 예배의 형태와 본질을 서로 분리한다는 것은 말처럼 쉽지 않다.

만약 북미 메노나이트 예배 중 가장 독창적인 측면 한 가지가 있다면 아마도 전통적으로 불러온 사부합창 찬송일 것이다. 전통이 있는 메노나이트 회중들에게 찬송은 여러 예배 경험 중에 미적 풍부함이 잘 표현된 것들 중 하나라 이야기할 것이다. 찬양은 메노나이트 예배의 가장 중요한 부분 중 하나이기 때문에 최근에 여러 회중들이 예배 음악의 반주로 사용하는 여러 악기들과 특히 밴드, 그리고 손뼉을 치며 노래하기 위해 스크린을 사용하는 것은 논쟁의 여지가 많은 이슈가 되고 있다.

이러한 찬양음악을 제안하는 사람들은 종종 이러한 찬송이 전통적인 찬송곡들보다 표현이 자유롭고 감동적이라고 설명한다. 찬양음악은 예배 참여자들을 보다 많이 움직이게 하고 에너지를 준다. 그래서 더 영적이라고 설명한다. 그러나 반대자들은 이러한 찬양음악은 예배 밴드와 마이크를 사용하기 때문에 회중들의 찬양을 집어삼키고, 찬양 곡속에 담겨있는 기독교 신학을 간단한 후렴구로 축소시켜 버린다고 주장한다. 게다가 대부분의 찬양곡의 내용은 지나치게 개인주의적이며 예수와 자신의 관계를 강조하는 가사가 너무 감성적이라고 비판한다. 메노나이트 예배에 소개되고 있는 이러한 찬양은 오랫동안 강조해온 일상의 제자도와 공동체의 중요한 역할과 언어와 형태에 있어 긴장을 빚고 있다.

메노나이트 예배에 있어 최근에 일어나는 변화들로 인해 회중들이 긴장하고 있다. 이러한 변화들 중 하나가 예배에 기독교 성구집 lectionary text을 사용하여 특히 대림절과 사순절 같은 기독교 절기를 지키는 것이다. 이때 예배 중 시각예술을 사용하고 다른 문화에서 차용한 음악을 의식적으로 사용한다.

예배에 새로운 형태를 도입하면서 표출되는 염려는 적절하다. 결국 우리가 드리는 예배의 내용과 형태가 우리의 신앙을 형성하며, 그것이 결국 우리 주변의 세상에 우리의 정체성을 드러내는 것이기도 하다. 그러나 여전히 건강한 관점을 유지하기 위해 대화를 지속하는 것은 매우 중요하다. 지구촌 메노나이트 교회가 갖고 있는 선물 중 하나는 다른 나라와 문화 속에서 드려지는 예배는 폭넓고 다양하다는 사실을 깨닫는 것이다. 더 나아가 역사가들은 어제의 혁신이 오늘의 전통이라는 사실을 잘 알고 있다. 그러므로 신강한 회중들이 소개되는 변화에 대해 깊이 생각하면서, 지나치게 단순화된 예배의 새로운 형태들을 무조건 거부하지 않도록 해야 한다. 왜냐하면 회중들이 현재의 습관과 구미에 순응하지 말아야 하기 때문이다.

2. 현재 회중들이 실제로 교회 안에서 훈계를 실천하는가?

이 질문을 일반화해서 답하기는 쉽지 않다. 과거에 메노나이트 회중들이 진지하게 고려했던 교회의 법령과 주제들의 범위가 지금은 아주 많이 넓어졌다. 예를 들어 돈을 빌려주는 일, 상속에 대한 분쟁과 해결, 적절한 의상과 관련된 질문과거에는 단순함에서 순응까지 표준이 되는 범위가 있었다, 예배 기도로서 받아들일 만한 형식여성들이 수건을 쓰고 기도함, 고전 11:1~16, 악기의 사용에 대한 규율, 주일의 활동, 비밀스런 모임에 대한 멤버십고후 6:14, 세상의 놀이문화, 지역 정치에 관여함 등이다. 전형적으로 진리의 순간은 바로 성찬식을 시행하기 전에 발생한다. 그들이 회중의 기준에 잘 순응했는지 안했는지 각 멤버에게 명확하게 하기 위해 목회자들이 개인적으로 사람들을 만났었다.

그러나 현재 회중들은 상호책임의 의미와 중요성에 대해 훨씬 애매한 입장을 취하며, 특별한 가르침을 위해 교회의 훈계를 집행하는 일도 훨씬 적다. 옛 메노나이트들은 그들이 젊었을 때 경험했던 훈계에 대해 부정적인 것으로 기억하였다. 그들이 경험한 훈계는 주로 성격상 성문제와 관련된 공적인 죄와 연관되어 있었고, 경제적인 문제라든가 태도에 관련된 죄는 묵과되었다. 게다가 훈계는 종종 성격상 징벌로 행해지거나 목회자 개인이 교회의 훈계를 시행할 때 개인의 권위를 잘못 사용하거나 남용하는 형태로 교회의 훈계가 행해짐으로써 일관성이 결여된 모습이 있었다.

이러한 부정적인 경험에 대한 반응으로서 최근 메노나이트들은 대체적으로 교회 훈계를 시행하지 않는다. 만약 현재 메노나이트 교회가 훈계를 시행한다면, 일반적으로 간접적이거나 정보를 주는 정도일 것이다. 예를 들어 평화주의에 대한 설교는 무력을 사용하는데 적극적인 사람을 훈계하기보다 교회의 멤버가 되려는 사람을 실망시키는 효력을 발생한다. 만약 교회가 이혼한 부부의 어떤 한 쪽 편에 서있다면 다른 쪽의 배우자는 회중을 떠나는 편을 선택할 것이다. 흡연에 대한 부정적인 메시지는 교회 주차장에서 담뱃불을 당기는 회원의 마음을 불편하게 할 뿐이다.

어떤 사람들은 이러한 상황에 대해 이전 세대들보다 현재 회중들이 사람들을 더 잘 돌보고, 배려하고, 공감하고, 받아들이는 건강한 표지로 이해한다. 그러나 어떤 사람들은 우리가 단순히 현대 문화에 만연해 있는 개인주의를 그냥 받아들이고 있다며 걱정한다. 윤리적 명료성이 침식되고 있다는 의미에서 과거 메노나이트의 핵심 정체성으로 자리한 함께 모이는 가시적 공동체의 특징 또한 사라지게 될 것이다.

3. 교단과 회중은 어떤 관계인가?

비록 순교와 박해와 온갖 괴롭힘을 당했던 기간 동안에는 강한 교단적 정체성을 소유하였지만, 일반적으로 메노나이트들은 역사적 신학적 근거로 회중주의를 선호한다. 가톨릭의 수직적 조직에 반대하여, 메노나이트들은 주교, 추기경, 교황과 같은 고교회적 권위와 지역 목사의 권위가 연결되지 않도록 애써왔다. 대신에 성경을 읽고 해석하는 기본적인 권위를 얼굴과 얼굴을 마주보는 지역 회중의 관계에 두었다.

　　동시에 메노나이트 회중들은 다른 회중과 한 마음으로 교단 conference, district, fellowship, association을 형성할 수 있도록 연합체를 발전시켰다. 이러한 교단은 우선 비저항, 상호부조 혹은 교회의 훈계와 같은 특별한 윤리적 실천과 관련된 관심사를 공유하고 이해하기 위해 시작되었다. 시간이 흐르자 이러한 연합체들 중 몇 교회가 교리에 관심을 보이기 시작했고 이것이 공동의 신앙고백으로 정리되어 인근에 위치한 회중들이 연합으로 나아가는데 도움을 주었다.

　　이러한 지역 연합체는 항상 영구적인 것이 아니었다. 각 회중들이 지역 교회의 리더십의 입장과 상황, 그리고 회중의 우선순위가 바뀜에 따라 연합체에 가입할 수도 있었고 떠날 수도 있었다. 그러나 그들은 분변을 위해 폭넓은 대화의 장을 열어주었고, 회중을 섬기는 리더들을 목회적 차원에서 후원하고, 목회자들을 세우는 일에 있어 회중을 돕고, 새로운 목회자들을 위한 기준을 마련하고, 지역 교회에서 발생하는 갈등을 중재하고, 선교와 봉사의 일을 위해 서로 협력하며, 교회가 시행하는 수련회나 캠프, 학교 역사적 자료를 함께 정리하고 운영하는 일을 담당하였다.

　　교단은 또한 보다 큰 몸으로서 개교회가 할 수 없는 일을 통해 회중을 돕는 중요한 기능을 감당하였다. 예를 들어 미국 메노나이트 교회와 캐나다 메노나이트 교회에는 각 지역 교회의 연합체인 여러 지방회로 구성되어 있다. 전체 교단은 교단 차원의 대회가 필요하거나 대표단이 필요할 때 이를 관장한다. 교단의 일은 직원들이 교단이 선출한 집행위원 혹은 운영위원들에게 보고한다.

일반적으로 교단 사무실은 교회들이 연합해서 해야 할 보다 큰 일들이 잘 진행되도록 돕는다. 교단 내의 실행부서와 신앙부서는 예배, 리더십, 청소년 교육 등과 관련된 주제들을 다루고 감독한다. 교단 내에 있는 출판부는 주일학교 교육과정과 교재를 비롯하여 교회가 꼭 출판해야할 책과 정기간행물들을 출간한다. 선교부는 북미는 물론 전 세계에서 펼쳐지는 선교와 봉사 프로그램을 감독한다. 교육부서는 메노나이트 초등학교, 중학교, 고등학교, 대학교, 신학대학원 등 자녀들의 교육에 필요한 일을 감당한다. 그리고 서로를 돕기 위해 존재하는 많은 상호부조 기관들은 청지기직과 관련된 교육을 담당하고 다양한 보호 및 금융관련 일을 담당한다. 이 외에도 특별한 영역을 돌아볼 필요가 있는데 주로 역사기록, 평화와 정의, 교회 상호간의 관계 증진 등 교단이 주도하여 교회가 가장 필요한 일들을 돌아보고 필요를 채운다. 1995년에 출간된 메노나이트 신앙고백서는 메노나이트 교회가 함께 정리해서 발간한 교리책이다.

회중의 차원에서 볼 때, 메노나이트들은 이러한 교단차원의 섬김이 적절한지, 그리고 어떻게 회중이 교단과 관계를 해야 하는 지에 대해서는 모두가 동의하지는 않는다. 위에서 아래로 혹은 수직적인 것을 꺼리는 전통은 자유로운 연합체를 높이 평가한다. 어떤 회중들은 동성애와 같은 특별한 내용에 대해 전체 교단이 제공하는 공식적인 지침과 좀 다른 결정을 하더라도 실제로는 회중 교회가 결정한 내용을 교단이 존중함으로써 회중의 자치권을 인정해야 한다고 주장하기도 한다. 어떤 회중들은 아나뱁티스트-메노나이트 신학훈련을 받고 지원을 받은 목회자들을 선별하려는 교단의 노력을 따르지 않기도 한다. 그리고 어떤 회중들은 교단 내에 행정가들과 목회자들을 농부들, 상인들, 기업가들과 문화적으로 나누어 놓는 것을 달가워하지 않는다.

이와는 대조적으로 어떤 메노나이트들은 교단 내에 속해 있는 기관들이 회중들에게 정말로 필요한 섬김을 해야 한다며 주의를 환기시키기도 한다. 교육, 선교, 봉사, 청지기직, 출판 등 모든 것은 개 교회 차원에서 스스로 할 수 있는 일들이 아니며, 자원과 협력이 요청되는 분야이다. 지방회나 교단의 구조는 지역적 갈등과 국가적 위기의 시기에 회중들에게 일종의 안정감을 제공할 필요가 있다. 교단은 회중들 서로간의 대화와 지구촌 교회들이 서로 대화할 수 있도록 하여 지역주의나 분열에 대한 문화적 충동을 억제하도록 도와야 한다.

4. 자기 자신의 교단이나 지역 회중을 대신해서 교회를 생각하는 것은 너무 뻔뻔하지는 않은가?

지구촌의 거의 20억 명에 달하는 인구가 자신을 그리스도인이라고 여긴다. 이 많은 인구 중 아주 작은 숫자에 불과한 120만 명이 메노나이트인데, 기독교 신앙에 대한 우리의 이해가 99%나 되는 다른 그리스도인들보다 진리에 더 가깝다고 여기는 것은 교만한 태도로 보일 수 있다.

현재 메노나이트들 중 소수그룹들은 교단의 딱지를 붙이고 있는 것에 대해 꽤 회의적이며 가능한 메노나이트라는 용어를 최대한 자제해서 사용하려고 한다. 이러한 사람들은 그리스도인들의 본래 의무는 구원의 복음을 이 세상에 전하는 것이라 주장한다. 그리고 이러한 소명을 감당함에 있어 우리가 전해야할 메시지의 초점은 시시콜콜한 교단의 특징이 아닌 예수 그리스도에게 맞추어야 한다. 이렇게 주장하는 메노나이트들은 종종 초기 세대의 율법주의적 규제조항들에 대해 당황하거나 선교에 방해다 된다고 여기며 평화건설에 대한 전통적인 메노나이트들의 강조점을 불편해 한다. 그들에게 교단이라는 딱지는 역사적 실수이며 우수함을 드러내기 위한 상표로 부담스럽게 다가온다. 만약 전 세계의 그리스도인들이 동일한 성경을 읽고, 같은 하나님을 예배하고, 같은 주를 따른다면, 왜 그 몇 안 되는 기본 진리들에 동의를 하지 못하며 교파 없이 하나로 모이지 못하는가?

이와 대조적으로 어떤 사람들은 특별히 교단에 대한 충성심이 사라져 가고 있음을 직면하면서도 보다 더 열정적으로 메노나이트들 만이 갖고 있는 독특한 정체성을 보존하고 생동감 있게 살아간다. 예를 들어 과거에 메노나이트들은 국가교회협의회National Council of Churches와 복음주의 연합회National Association of Evangelicals, 혹은 세계교회협의회World Council of Churches에 가입하지 않았다. 그 이유는 부분적으로 메노나이트들이 평화의 복음에 헌신하면서 전통적으로 정당한 전쟁을 지지하는 교단들과 함께 교섭해야 하는 상황을 어렵게 생각했기 때문이다. 그러나 보다 더 큰 이유는 메노나이트들이 그룹들 속에 그냥 묻혀서 사라지고 말 것 같은 염려가 있었기 때문이다.

제1차 세계대전 중에, 메노나이트들은 퀘이커, 그리스도안의 형제교회, 그리고 형제교회와 같은 소위 말하는 역사적 평화교회 Historic Peace Churches와 군 징집 문제와 병역대체복무와 같은 주제를 놓고 가까이 일하기 시작했다. 20세기 후반부에 들어와서 평화 문제와 관련된 신학적 관심사를 토론하기 위해 정기적인 회합들을 가지면서 연합력이 더 강화되었다.

또 다른 상황이지만 메노나이트들은 에큐메니칼 운동에 가담하면서도 자신들만의 독특한 정체성을 지켜나갔다. 예를 들어 메노나이트 중앙위원회의 구제와 봉사를 통한 수고는 다른 수많은 교단들과 가까이 일하는 기회가 되었다. 메노나이트 재난봉사단 또한 다른 전통에 속한 기독교인들과 함께 협력하는 기회가 되었다. 메노나이트 상호부조를 통해 아나뱁티스트 메노나이트 맥락 속에서 가입이 가능한 보험 및 재정 상담이 가능해졌다.

최근 메노나이트들은 가톨릭, 침례교, 개혁교회, 루터교 등 다양한 교단으로부터 기독교 신앙과 실천을 어떻게 이해해야 하는지 교단 상호간의 대화에 참여해달라는 초청을 받고 있다. 지역적 차원에서 메노나이트 회중들은 추수감사주일, 크리스마스, 및 사순절 예배를 공동으로 드리기도 한다. 그들은 해비타트 운동Habitat Humanity, 종교 간의 대화Interface Hospitality Network등 지역을 섬기는 일을 통해 서로를 후원하고 있다. 일반적으로 메노나이트들은 예배에서 성찬식을 주고받는다. 그리고 그들의 목회자들은 종종 지역 목회자 그룹 속에서 따뜻한 교제를 나눈다. 메노나이트 교회의 전통과 다른 전통과 명확하게 분리되는 경계선들을 넘나드는 것은 분명 쉽지 않은 일이다.

이러한 질문들을 생각해 볼 때, 메노나이트들은 분명히 한 마음을 갖고 있지는 않은 것 같다. 기본적인 수준에서 우리는 우리의 역사적 신학적 독특성을 초월하여 믿음과 예배를 통해 다른 기독교 그룹들과 함께 근본적으로 연합을 도모해야 한다. 동시에 메노나이트들은 그리스도인들의 구원에 대한 경험이 교회의 구체적인 실천과 너무 동떨어져 있다는 사실을 경계해야 한다. 메노나이트들에게 제자도와 평화의 복음은 구원의 좋은 소식에 부속물처럼 딸려있는 악사세리가 아니라 구원의 핵심이자 완전체이다. 그러므로 우리는 우리만이 가지고 있는 독특한 정체성을 자각하는 동시에 다른 그리스도인들과 함께 교제해야하는 긴장 사이에서 살아간다.

기독교 교단이나 교파를 하나의 가계도로 이해하는 것은 우리에게 큰 도움을 준다. 가족의 구성원이 늘어나면서 다양한 가지가 뻗어나감으로써 그들만의 독특한 특징을 갖게 될 것이다. 그렇다. 가지는 같은 뿌리와 기둥을 기반으로 뻗어나가며 가계도의 각 부분도 이와 비슷한 양상으로 뻗어나간다. 각 부분은 서로 멀리 떨어져 있는 것 같지만 공동의 기반위에 그들의 생명을 이어나간다. 우리 모두가 갖고 있는 기본적인 관심사는 모든 가지들이 아무 일 없이 모두 건강해야 한다는데 있는 것이 아니라, 예수께서 제자들을 향해 뻗어 있는 가지가 열매를 맺는가?요15:2하는 데 있다.

13. 초청: 포스트모던 세계에 처한 메노나이트

> 여러분을 두고 끊임없이 감사를 드립니다.
> 우리 주 예수 그리스도의 하나님이신 영광의 아버지께서 지혜와
> 계시의 영을 여러분에게 주셔서, 하나님을 알게 하시고,
> [여러분의] 마음의 눈을 밝혀 주셔서, 하나님의 부르심에 속한
> 소망이 무엇이며, 성도들에게 베푸시는 하나님의 영광스러운
> 상속이 얼마나 풍성한지를, 여러분이 알게 되기를 바랍니다.
> **에베소서 1:16~19**

2004년 3월, 영화 관람객들은 멜 깁슨이 주연한 '그리스도의 수난'을 보기 위해 떼를 지어 영화관으로 몰려갔다. 그리스도의 마지막 고난의 현장을 인상적으로 묘사한 이 종교 영화는 실제로 엄청난 관객들이 관람하여 미국에서 4주 연속으로 흥행 1위를 기록하였다. 6개월 동안 이 영화는 약 4천억 원의 수입을 올렸다. 영화가 흥행에 성공하자 신문 및 잡지는 갑자기 일반 사람들의 생활 속에 기독교 신앙의 역할이 무엇인지에 대한 기사를 내기 시작했고, 할리우드 감독들이 종교적

인 주제들에 대한 전통적인 편견을 재고하기 시작했다. 거의 같은 시기에 릭 워렌의 『목적이 이끄는 삶』이라는 책과 뒤 이어 나온 『목적이 이끄는 교회』가 날개를 단 듯 불티나게 팔리기 시작하면서 수 백 만권의 매출을 올렸고 세속적인 베스트셀러를 물리치고 기독교 서적 판매 기록을 경신했다. 분명 기독교 신앙이 미국의 문화에 굳은 발판을 마련하는 계기가 되었다. 비행기 안에서 만난 미국 소비자들을 이해하기 원하는 마케팅 전문가였던 일본 친구가 나에게 그리스도인이 된다는 의미가 뭐냐고 물어보았을 때, 그는 거기에 뭔가 중요한 게 있다는 걸 이미 알고 있었다.

이 책은 아나뱁티스트-메노나이트 전통에 대한 관점으로부터 기독교 신앙의 기본 원리들 중 몇 가지를 요약함으로써 그의 질문에 답하려고 시도하였다. 나는 모든 그리스도인들이 메노나이트 관점에 동의하지 않는다는 사실을 인정하면서 기독교 신앙에 대해 균형 잡힌 시각으로 설명하려 했다. 나는 또한 때때로 의견의 일치를 보이지 못하는 메노나이트 신앙과 실천에 대한 몇 가지 주제들을 상세하게 설명하였다. 그렇게 설명하면서 나는 제도권 안에서 멤버십을 받거나 교리를 잘 아는 것이 기독교 신앙을 가장 잘 아는 방법은 아니라고 제안하였다. 대신 근본적으로 새로운 삶의 방식, 하나님과의 관계에 의해 변화를 받은 삶, 사랑의 공동체가 후원하는 모습을 지속하는 삶, 그리고 예수의 가르침과 모범을 따라 사는 삶에 대해 살펴보았다.

비행기 안에서 나눈 짧은 대화 속에서 내 친구가 건넨 질문의 핵심은 그리스도인들이 믿는 것이 무엇이냐는 것이다. 호기심 어린이 질문 밑에는 보다 더 깊고 심오한 또 다른 질문이 깔려있다. 즉 왜 그리스도인들이 그렇게 사냐는 것이다. 아마도 성경 시대에 살았던 사람들이나 중세 시대의 사람들은 일종의 종교적 관점에서 세상을 이해하였다. 그러나 현대인들, 특히 과학기술과 이성을 의지한 복잡한 사회에서 잘 교육받은 서구 사람들이 왜 2,000년 전에 중동의 아주 작은 나라에서 살았던 유대인 목수가 여기저기 떠돌면서 가르친 내용을 따라 살아야 하는가? 왜 현재 사람들은 이러한 믿음을 그럴듯한 것으로 받아들이는가? 도대체 왜 그리스도인이 되어야 한단 말인가?

비록 그는 이러한 방식으로 질문을 하지 않았지만, 나는 정말로 일본 친구가 알고 싶어 했던 것이 이것이라고 생각한다. 온당한 질문이다. 결국 자기 확신적인 기독교만이 존재하는 곳에서 소비주의, 쾌락주의, 무신론 등의 선택이 가능한 사상의 현대 시장에서, 기독교 신자들은 단순히 그들이 무엇을 믿는가뿐만 아니라, 왜 그렇게 믿는지 설명할 준비를 해야만 한다.

이 책의 마지막 장에서 우리가 다루고자 하는 것은 바로 이 질문에 대한 간단한 대답이자 초청이다.

인생의 간극

날씨가 잔뜩 찌푸린 어느 2월 전화벨이 울렸다. 의과대학 1년생이었던 나의 동생이 어깨와 엉덩이에 찌르는 통증을 호소하는 전화였다. 의사를 방문해서 얻은 답은 아무것도 없었지만, 그 고통은 가시지 않다. 그래서 동생은 전문의를 찾아갔다. 전문의사의 지시를 따라 그는 아주 복잡한 일련의 검사를 받았고 그 결과가 나왔다. 골수에 빠르게 전이되는 급성 암이라는 진단이 나왔다. 기껏해야 6개월에서 12개월 정도밖에 더 살 가능성이 없다고 했다.

이 소식을 듣자마자 온 세상이 갑자기 뒤집혀진 것처럼 느껴졌다. 도저히 견딜 수 없었다. 세상은 공평하지 않았다! 동생 스티브는 자기 앞에 펼쳐질 인생에 대해 기대가 한껏 부풀어 있었다. 암은 나이 지긋한 노인들에게나 걸리는 병이지 겨우 24세의 청년에게 암이라니! 그것도 규칙적으로 운동을 하고 건강한 식생활을 한 동생에게 암이라니 말도 안 되는 일이었다. 더구나 스티브는 친절하고, 감수성이 예민하고, 다른 사람들을 지극 정성으로 보살피는 아주 착한 사람이었다. 일 년 전에는 정말로 가난한 사람들이 찾는 병원에 가서 자신이 배운 의료기술을 가지고 다른 사람을 돌보는 자원봉사도 다녀왔다. 왜 그러한 전도유망한 인생이 그렇게 요절을 해야 한단 말인가?

그러나 아마도 이러한 것보다 더 힘든 것은 그의 척추와 관절 마디마디를 통해 암이 전이되면서 그가 견뎌야할 찌르는 고통이었을 것이다. 왜 누군가는 자기에게 주어진 인생의 한 가운데에서 그런 심한 고통을 겪어야 한단 말인가?

고통은 항상 개인적이다. 그러나 비록 우리가 드물게 이러한 영화에나 나올법한 일을 마주한다고 해도, 스티브가 실망하고 죽음에 이르기까지 걷게 된 고통의 여정은 작든 크든, 암에 걸린 각 사람이 매일 겪는 아픔이기도 하다. 어떤 면에서 우리는 세상이 아주 나쁘게 일그러져 있음을 항상 깨닫고 있다. 사실 이 세상은 반드시 그렇게 되어야 하는 세상과 그렇지 않은 현실 사이에 말도 안 되는 영구적이면서 커다란 간극이 존재한다.

이러한 간극에 대한 우리의 의식은 출생 때부터 시작된다. 갓 내어난 아기의 고막을 찢는 듯한 울음, 어머니의 따뜻한 자궁으로부터의 갑작스러운 분리, 배고픈 아이의 좌절감 섞인 울음, 혹은 한 밤중에 엄습한 두려움 등 모든 것들은 이 세상에서 우리들이 경험해야 할 일들에 대한 이른 암시일 수 있다. 이러한 우리의 깨달음은 우리가 성장하면서 점점 더 커진다. 현관 기둥에 안전한 자물쇠로 단단히 묶어놓았던 아끼던 자전거가 사라졌을 때, 마을 어귀의 공동묘지가 난데없이 파헤쳐졌을 때, 아동학대에 대한 신문 기사를 읽었을 때, 우리는 분노와 실망감에 충격을 받는다. 이러한 일은 정말로 일어나서는 안 되는 일들이다! 우리가 십대들이 음주 운전자에 의한 교통사고로 목숨을 잃었다는 소식을 들었을 때, 혹은 가난한 이웃이 화재 사고로 큰 피해를 입었을 때, 다니고 있는 교회의 존경하던 사람이 교회의 거금을 횡령했다는 소식을 들었을 때, 우리는 이 세상이 생각한 것 보다 행복하고, 안전하고, 살만하고, 고통이 없는 세상이라고 생각하기 힘들 것이다.

인간이 된다는 것은 희망과 좌절 사이에 놓여 있는 외줄 타기를 지속하는 것이다. 우리는 우리 인생에서 일어나는 일들에 대해 보다 큰 의미와 목적이 있다고 여기며, 내일은 오늘보다 더 나아지기를 기대하며 산다. 그러나 동시에 우리는 또한 과거의 실망, 두려움, 그리고 희망과 현실 사이의 간격이 결코 연결되지 않는다는 것을 끊임없이 깨달으며 산다. 비록 우리 모두가 인생은 그리 공평하지 않다는 사실을 배우지만, 내 동생 스티브처럼 좀처럼 그러한 사실에 대해 평화를 찾지 못한 채로 사망의 음침한 골짜기를 거닐며 살아간다. 우리가 아는 저 골짜기 아래에서 우리는 시간을 연장해가며 산다. 매일 우리는 죽음의 순간에 더 가까이 다가간다. 그리고 우리는 염려하고 때때로 절망하며 우리의 소중한 인생이 언젠가는 채 그 의미나 목적을 제대로 이루지 못한 채 끝날 것이라는 사실을 잘 안다.

    이러한 희망과 일상에서 경험하는 실망 사이에서 불확실하나마 균형을 유지하면서 살아갈 방법을 찾는 것이 우리 앞에 놓인 도전이다. 각 사람은 이러한 상황에 큰 차이를 보이지 않는다. 그러나 전 역사를 살펴볼 때, 사람들은 세 가지 주요한 대안들을 찾기 위해 끊임없이 노력해 왔다. 이러한 반응 하나하나는 죽음에 대한 우리의 두려움과 삶 속에서 경험하는 지속적인 좌절감이 충분히 이해할만 하다고 받아들이는 것이다. 그러나 그리스도인의 관점에서 이러한 선택사항들 하나하나는 궁극적으로 불만족스럽게 끝난다. 만약 당신 자신이 앞으로 내가 설명하는 것 중 한 가지에 속한다면, 당신은 기독교가 보여주는 이러한 인간의 상황에 대한 반응이 보다 믿을 만하며, 통일성이 있으며, 우리 문화 속에서 우리가 선택하는 것보다 훨씬 기쁘기까지 하다는 나의 제안을 보다 더 진지하게 고려하게 될 것이다. 이러한 기독교로의 초대는 온전한 삶에로의 초대이다.

초대장: 환상의 문화에서 진리를 말하도록 초청함

반드시 그렇게 되어야 하는 세상과 그렇지 않은 현실 사이에 말도 안 되는 간극을 마주하면서, 현재 많은 사람이 즐거운 인생을 추구함으로써 그 간극을 연결하려 한다. "그 날을 잡으라."는 말이 있다. "내일 우리가 죽을 수도 있으니, 먹과 마시고 즐기자"라는 말이 있다. 쾌락으로 자신을 만족시키는 삶을 살면서 우리는 희망을 잃고, 우리의 시야는 점점 더 흐려지며, 욕망과 현실 사이의 간극이 더 커진다. 어떤 사람들은 음식, 술, 혹은 마약을 통해 육체적 쾌락을 추구한다. 어떤 사람들은 극강 수위의 스포츠와 난잡한 성관계를 통해 스릴을 즐기다 자신을 망친다. 또 어떤 사람들은 자신을 물질주의적 쾌락과 오락, 쇼핑, 혹은 증시에 빠져 인생을 망치기도 한다.

이렇게 쾌락을 갈망하는 현실 상황은 시장 전문가들조차 쉽게 눈치를 채지 못한다. 최근 연구에 따르면, 평균 미국 사람들은 매일 거의 3,000개의 광고 메시지를 듣고 본다고 보고하였다. 광고판, 텔레비전, 주유소, 우편, 인터넷 그리고 모든 상점에서 우리 시야로 들어오는 광고메시지는 기본적으로 한 가지 메시지를 우리에게 전달한다. 이 물건을 사지 않으면 여러분의 삶에 만족은 없다. 이 상표를 입지 않으면 활력 있게 살수 없다. 만약 당신이 우리 제품을 사면 더 많은 친구를 갖고, 더 재미있고, 더 많이 섹스하고, 더 많은 행복을 느낄 것이다.

이러한 메시지들은 정말로 강력하다. 그러나 이런 메시지들은 거의 다 거짓일 뿐이다. 이런 메시지는 속임수이고 우리 안에 깊이 숨어있는 불안감을 자극하고 몸의 쾌락이나 구매욕을 만족시킴으로써 우리에게 기쁨을 맛보라고 한다. 그러나 깊은 내면의 성찰을 통해 우리 모두가 잘 알고 있듯이 몸의 쾌락은 진정한 행복과 결코 같지 않다. 그리고 경험으로 알고 있듯이, 쾌락을 추구하는 우리의 욕망 또한 결코 완전히 충족될 수 없다. 마약을 통해 아드레날린을 최고로 분비시킨다고 해도, 행복한 쇼핑을 탐닉한다고 해도 보다 여전히 더 강렬한 쾌락을 요구하고 우리 인생의 의미와 목적에 대한 더 깊은 감각을 요구하는 갈망을 달랠 수는 없을 것이다.

이러한 착각과 환상으로 가득한 사회에서, 기독교 신앙은 진리를 올바로 말해야 한다. 남다른 통찰력이 들어있는 성경 이야기는 우리 인간의 번민과 희망을 모두 담고 있다. 그리고 성경은 이 시대의 문화가 전부인 것처럼 말하는 거울 앞의 용모에서 탈피하여 정직하고 진정한 진짜 자신의 모습을 들여다 볼 수 있도록 초대한다.

그리스도인은 사랑의 하나님에 의해 창조되었으며, 저마다 목적을 갖고 살도록 그리고 서로를 사랑하고 신뢰하며 사는 존재로 창조되었음을 믿는다. 우리는 우리가 무엇을 잘 하고, 옷을 잘 입고, 특별한 재능을 갖고 있어야 사랑받는 존재가 아니다. 오히려 우리는 하나님께서 우리를 사랑하기 때문에 그냥 사랑받는 존재다.

하나님은 그 어떤 조건을 따지지 않고 우리를 온전히 사랑하신다는 사실은 진실한 복음이며, 거짓과 위선으로 사람들을 현혹시키는 세상에서 우리를 자유롭게 하는 좋은 소식이다. 예수는 자신이 선포한 메시지가 곧 자유롭게 하는 힘을 갖고 있음을 잘 이해하였다. 그는 젊은 부자 청년이자 어쩌면 미래에 자신의 뒤를 따를지도 모를 유명한 정치인에게 조금도 두려움 없이 그의 재산을 버릴 필요가 있다고 말했다.마19장; 눅18장 예수는 의식적으로 박하 잎을 따져가며 드리는 십일조는 잘 바치면서 정의에 관련된 기본적인 질문을 무시하는 바리새인들 공적으로 도전하는 일을 조금도 주저하지 않았다. 그리고 예수는 하나님의 형상을 갖고 있음을 인정하시면서 세리와 죄인들, 질병으로 고통을 겪는 사람과 어린아이들 등 사회에 무시하는 권력도 없고 존경도 받지 못하는 사람들과 대놓고 어울리셨다.

　　그리스도인들은 인간이 완벽하지 않다는 사실을 잘 아는 사람들이다. 그리스도인들은 이기주의와 교만으로 똘똘 뭉쳐있는 인간의 성향도 충분히 인정한다. 이들은 이러한 현상을 죄라고 명명한다. 죄는 하나님께서 창조하신 질서와 선을 교란시키고 하나님은 물론 사람 사이의 관계에 해악을 끼치는 것이다. 반복적으로 말하자면 우리는 우리 자신에게 최고의 유익을 주는 것을 거르려 선택하며, 마치 우리가 하나님이 된 것처럼 살아가며, 우리가 운명의 주인인양 살아간다. 병들고, 아프고, 고통 받는 것은 모두 죄를 짓고 타락한 결과이다. 그리스도인이 된다는 것은 이러한 실재를 인정하는 것을 의미한다. 사랑의 하나님은 우리를 이러한 목적으로 창조하셨고 창조해 가신다. 그러나 우리는 깊은 상처를 입었고, 아주 이기적인 성향을 갖고 있고, 그러기에 구속이 필요하다.

　　이러한 긴장 속에서 기독교 신앙은 이 세상에 진실을 말하는 언어를 제공한다. 이러한 언어는 이 세상에 존재하는 것들의 올바른 정체성이 무엇인지 규정하고 이름을 지어준다. 동시에 우리 안에 존재하는 하나님의 형상을 끌어안고 희망과 온전한 삶을 살아가도록 불러낸다. 기독교 신앙은 원래 하나님께서 우리에게 기대하고 계신 진실한 삶을 살아가라는 초청이다. 우리는 깨어진 세상 속의 깨어진 사람들이다. 우리는 흠 있는 세상 속에서 사는 흠 있는 사람들이다. 그러나 하나님께서 무조건적으로 우리를 사랑하시기 때문에, 여전히 우리의 부족함을 솔직하게 인정할 수 있는 사람들이다. 이러한 빛으로 나아가지 않는 것 자체가 악한 것으로 하나님의 사랑이 위험에 처하게 되는 것이다. 이러한 사실을 제대로 알아차리는 것이 우리가 미친 듯이 쫓아가는 쾌락으로부터 자유롭게 해주며, 진짜 우리 본래의 모습대로 살게 해줄 것이다.

진리 안에서 사는 것이 항상 쉬운 일은 아니다. 하나님의 사랑을 받아들이고, 사랑의 빛 안에서 삶을 다시 만들어 나가는 일은 항상 문화의 결을 거스르며 안정한 삶에 도전장을 내는 행위이기도 하다. 그러나 세상에 대해 정말로 깨끗하고, 열려있고, 정직한 사람에게 주어지는 자유는 그 무엇과도 바꿀 수 없는 좋은 소식이다. 이 복음의 좋은 소식이 당신을 새롭게 살게 해줄 것이다.

"진리를 알지니 진리가 너희를 자유롭게 하리라" 요 8:32

초대장: 냉소적인 문화 속에서 변함없는 공동체로 초청함

어떤 사람은 희망과 절망 사이의 간극을 메우기 위해 쾌락을 추구하는 반면, 어떤 사들은 모든 것을 포기함으로써 이 긴장에 반응한다. 더 이상 갈 곳이 없어 절망에 직면하게 될 때, 라스베이거스 도박장에서 삶을 보내는 사람처럼 인생이란 게 원래 그런 거라고 어깃장을 놓는다. 수많은 절망으로부터 새로운 의미를 찾고 헤어 나오기란 애초에 불가는 한 것이기 때문에, 결국 맨 정신으로 의미를 추구하기보다는 포기하는 것이 낫다고 여긴다. 그들은 인생이란 자신들이 통제할 수 없고, 원래 변덕스럽게 흘러가는 것이라고 냉소하면서 스스로 포기다.

냉소주의자들에게 희망과 연관된 모든 표현은 환상이자, 차디찬 현실에 직면할 수 없다는 감상벽이나 무지에 지나지 않다. 그들의 냉소주의는 대개 외로운 패배주의에서 진리에 대한 사적인 이해의 길로 그들을 인도한다. 보다 더 큰 이상과 공동의 선, 다른 사람을 위한 희생에 대해 말하는 것은 유치한 일이며, 결국 자기 자신을 위한 행동에 불과한 것이라고 결론짓는다. 그리고 우리 모두는 사적이며, 작고, 외로운 세상 속에서 분절된 삶을 살고, 서로가 서로를 단절시키며, 자기 관심사를 갖고 사는 사람들이라고 정당화하기 시작한다.

이러한 냉소주의적 문화 속에서, 기독교 신앙은 보다 더 큰 공동체를 이루며 함께 희망을 갖고 활력 넘치는 삶과 늘 같은 모습으로 균형 잡힌 삶을 살도록 기회를 부여한다. 기독교 삶은 그 기반을 우리 자신과 문화보다 훨씬 더 크신 하나님께 두기 때문에 늘 변함이 없다. 그리스도인들은 하나님께서 각 사람을 창조하실 때, 그 사람만을 위한 목적을 두셨고 우리 모두를 신뢰와 사랑의 관계 안에서 살도록 창조하셨다고 믿는다. 그렇다고 우리 인생의 모든 순간이 고통과 실망으로부터 자유롭도록 보장 되어 있다는 의미는 아니다. 실제로 사람들에게 연민을 가지셨던 예수의 삶도 십자가의 모진 고통과 죽음으로 인도되었다. 그러나 그렇다고 하나님의 사랑으로 다른 사람을 구체적으로 품는 헌신이 인생의 방향과 의미에 있어서 정형화되어야 한다는 의미는 아니다. 이는 좌절의 순간을 넘어선 보다 더 깊은 의미를 내포하고 있다. 복음의 이야기는 죽음이 끝이 아니다. 그리스도인들은 인생이 죽음을 넘어선 승리이며, 다른 사람을 섬기는 일이 절망에서 벗어나는 일이며, 사랑이 두려움보다 훨씬 강한 능력이라는 확신을 갖고 사는 사람들이다.

더 나아가 그리스도는 지금 우리가 사는 이 세상에 존재하는 기독교 공동체라는 보이는 모습으로 와 계신다. 다른 신자들과 교제를 통해, 그리스도인들은 예배, 찬양, 기도, 나눔을 통해 하나님의 살아계신 현존을 기리고 기뻐한다.

함께 모인 그리스도인들은 모든 것의 중심이시며, 생명과 관련된 변치 않는 축이시며, 깨어진 삶에 새로운 질서와 통일성을 부여하시는 하나님께 자신의 중심을 재조정한다. 기독교 공동체는 진실한 모습으로 우리를 돌봐주고, 하나님의 사랑을 보여주고, 이 세상을 하나님의 사랑으로 돌보는 친구들이 우리 주변에 있다는 사실을 일깨워준다. 그리스도인들은 냉소적인 우리 문화와는 달리 인생은 원래 우리가 아는 것보다 기쁘고, 통일되어 있고, 진실한 것이라 믿는다.

초대장: 폭력의 문화 속에서 사랑과 용서로 초청함

만약 쾌락을 추구하는 것과 냉소주의가 많은 사람들에게 엄청난 호소력을 가진다면, 어떤 사람들에게는 욕망과 자신들의 현실 사이에 존재하는 간극을 해결하는데 폭력과 무력을 사용하는 것이 가장 좋은 방법이라고 확신한다. 취약한 사람을 상대로 감정적으로나 신체적으로 학대하고, 주먹질을 하고, 총기를 사용하는 것이 대표적인 예이다. 무력을 사용함으로써, 우리는 잠시나마 우리 자신이 원하는 현실을 재구성할 수 있다는 인상을 받는다. 폭력은 우리의 도덕성을 파괴하는 덧없는 환상이다. 폭력은 우리가 실제로 우리 삶을 통제할 수 있다는 생각을 갖게 한다. 그래서 우리가 폭력으로 우리가 원하는 결과를 이끌어 올 수 있고 우리의 명령에 따라 우리 주변의 사람들과 의지를 꺾을 수 있다고 믿게 한다.

그러나 냉소주의라는 안개 속에서 외로움과 쾌락을 추구하는 하는 것과 같이, 폭력의 논리에 중독되도록 만드는 것은 우리의 주변 문화와 현실에 깊이 뿌리박고 있다. 실제로 폭력을 마주대한 사람들은 너무나 많아서 직접적이든 간접적이든 폭력에 대한 소식을 들어도 놀라고나 충격을 받지도 않는다. 그저 또 다른 폭탄이 예루살렘에, 카불에 혹은 바그다드에 떨어졌을 뿐이고 버스에, 시장 통에 시꺼먼 피해가 남겨지고, 일단의 구경꾼의 눈물샘을 자극하고, 선혈이 낭자한 채 천조각으로 덮여있는 시체만 남겨 놓았을 뿐이다. 과학 수사대가 등장하는 텔레비전 흥행 시리즈는 목 베어 살해당한 젊은 여성의 살해 현장을 아주 생생한 그래픽으로 재창조해 낸다. 시청자가 가장 많은 시간대에 편성되어 있는 생방송 쇼는 실제 경찰이 범인을 추격하며 차를 서로 들이받고, 총을 쏘고, 주먹으로 치고받는 격투 장면을 있는 그대로 방송한다. 가족과 미디어에 대한 연구기관인 National Institute on Media and Family에 따르면 조사 당시 초등학교를 떠날 때 쯤 아이들은 평균적으로 8,000건의 살인 장면을 텔레비전을 통해 시청한다는 결과를 발표했다. 이러한 수치는 18세 나이에 40,000건으로 폭증하였고, 살인이 아닌 폭력의 행위는 200,000만 건으로 늘어난다고 보고하였다.

전문가들은 폭력에 시각적으로 노출 되었을 때, 폭력을 목격한 사람을 더 폭력적이 되게 하는지 아닌지 오랫동안 논쟁해 왔다. 그러나 폭력에 젖어 있는 문화에서 지속적으로 축적되면 점차로 폭력에 무감각해지는 과정을 겪는다는 사실을 의심하는 사람은 적다. 최근 조사에 따르면 할리우드 공포영화에서 50명의 사람이 죽는 장면을 시청한 사람이 51번째 사람이 죽는 장면에서는 더 이상 충격을 받지 않은 것으로 드러나기도 했다. 폭력은 정상적인 것이며, 사람들이 문제를 해결하는 방식이자, 이 세상이 작동하는 방식일 뿐이라며 미디어가 들려주는 메시지는 삶에 대한 우리의 기본적인 가정들을 서서히 잠식해 나간다. 상황이 우리의 기대를 충족시켜주지 못할 때, 분명한 해결책은 폭력이라도 사용해서 이 세상을 자신이 원하는 방식으로 바꾸라고 말한다.

우리는 선한 사람들이기 때문에 폭력을 사용하는 원인이 정당하고 우리가 사용하는 폭력은 항상 책임감의 발로이며, 정의로운 것이며, 괜찮을 것이라고 여긴다. 결국 우리는 진리의 편에서 싸우고, 악의 세력을 궁지에 몰아세우기 위해 폭력을 사용한다고 여긴다. 그러나 쾌락이나 냉소주의의 유혹처럼, 폭력을 통해 우리의 욕망을 채우려는 충동은 단지 절망의 다른 얼굴일 뿐이다. 어쩌면 순간적이나마 폭력이 우리의 좌절감의 간극을 메워줄 수는 있을 것이다. 그렇지만, 강제력을 사용한 행동은 그에 따른 대가를 반드시 지불하도록 요구한다. 세상에 질서를 부여하기 위해 폭력을 사용하는 것은 항상 폭력적인 반응을 일으키며, 결과적으로 폭력은 불가피하게 더 많은 폭력을 낳는다. 테러리즘과의 전쟁에서 승리하기 위해 "똑똑한 폭탄 smart bombs"이 만들어졌는데 이는 더 많은 보복의 씨앗이 되어 버렸다. 이 똑똑한 폭탄들은 다음 세대의 의로운 전사들에게 분노의 씨앗을 심어놓았고 이 폭탄에 의해 죽은 아이들을 기억하는 의미에서 복수를 결심하도록 만들었다. 폭력에 의해 촉발된 두려움과 원한은 그것이 아무리 "의로운" 무력 사용이라 할지라도 평화의 토대를 무너뜨린다. 그 결과 우리 세상은 이전에 경험하지 못한 "고장 난" 세상이 되어버렸다.

이리 저리 왜곡된 폭력의 논리에 취해버린 우리 문화 속에서, 기독교 신앙은 공감하고 용서하고 사랑하며 살도록 여러분을 초청한다. 하나님은 우리가 여전히 하나님의 원수로 지낼 지라도 우리를 사랑하시고 용서하신다. 그러므로 그리스도인들은 자신이 원수라고 여기는 사람들을 포함하여 다른 사람들에게 보복하고 앙갚음 하려는 인간적 욕망을 내려놓고 다른 사람을 사랑해야 한다. 기독교 신앙의 기본은 폭력의 논리에 대해 끊임없이 도전하시고 악을 선으로 갚고 원수를 사랑하셨던 예수 그리스도의 삶과 가르침을 따라 살도록 초청한다. 그리스도의 부활을 축하하는 것은 그리스도인들이 세상을 향해 폭력과 죽임이 인생이 취할 마지막 수단이요, 마지막 말이 아님을 선포하는 행위이다.

초기 아나뱁티스트 리더인 메노 시몬스는 "참된 그리스도인들은 원수 갚는 것이 무엇인지 알지 못한다. 그들은 평화의 자녀들이다. 그들의 마음은 평화가 흘러넘친다. 그들의 입술은 평화를 말하며, 그들은 평화의 길을 걷는다."라는 글을 남겼다.

때때로 그리스도께서 보여주셨던 것처럼 원수를 사랑하라는 헌신은 그리스도인들을 자신의 목숨을 내어 놓는 희생 곧 순교에 이르기까지 한다. 그러나 보다 종종 다른 사람들을 향한 그리스도인들의 공감은 그렇게 극적인 형태로 표현되지는 않는다. 대개는 배우자나 낯선 사람을 친절하게 대하는 조용한 모습, 어린 아이들의 행동에 대해 부드러우면서도 인내하는 태도, 가난한 사람, 아픈 사람, 혹은 연약한 사람들과 함께 하며 이들이 필요한 물질을 나누는 모습, 진리에 대해 서슴없이 말하는 모습, 험담의 충동에 따라 살지 않는 모습, 지역 공동체의 안녕을 위해 헌신하며, 나라를 초월한 문화나 다른 나라 사람들과 함께 살아가려는 모습 등으로 나타나기도 한다. 이러한 것은 물론 우리들이 인수 없는 많은 방식으로, 그리스도인들은 하나님의 무조건적인 사랑을 삶속에서 스며들어 있는 모습으로 나눈다. 이것이 바로 일상생활에 깃들어 있는 하나님의 사랑을 구체적으로 육화시키는 모습이자 변화시키는 능력이다.

그리스도인으로의 초청은 사랑의 능력을 따라 살라는 초청이다.

간극과 더불어 살아감: 치유와 소망

요약하자면 기독교 신앙은 인간과 사람들이 처한 상황에 대한 풍부하고 흥미진진한 이야기를 제공한다. 단호한 통찰력과 함께 기독교 신앙은 희망과 절망, 삶과 죽음, 그렇게 되어야만 하는 세상과 우리가 경험하는 세상 사이에 존재하는 불확실한 공간에서 살아가는 우리의 일상생활과 경험을 있는 그대로 기술한다. 기독교 신앙은 친밀감, 아름다움, 조화, 사랑 등 우리 안에 있는 깊은 열망들이 심리학적으로 꾸며진 어떤 사고나 문화적 창조가 아닌 진정한 목소리로 드러나야 함을 인정한다. 의미와 목적으로 가득한 우리 인생을 향한 욕망은 무엇인가 진짜배기를 원한다. 이 세상은 깨어지고 분절되어있다는 우리 주변의 많은 증거들은 진짜 목소리가 아니다.

그러나 기독교는 인간의 상황을 기술하는 데에만 그치지 않는다. 기독교는 우리를 사랑하셔서 우리의 삶을 기쁨과 의미로 가득 채우시는 하나님을 소개하며, 그 하나님과 맺게 될 살아있는 관계로 우리를 초대한다. 확언하건대, 하나님 사랑의 실재는 우리가 경험하는 희망과 절망 사이의 간극을 없는 것으로 여기지 않는다. 그러나 하나님의 사랑은 우리가 그 간극 안에서 목적 있는 삶을 살아가도록 초청한다.

그러므로 믿음으로의 초대는 치유로의 초대다. 그리스도인이 되는 것은 하나님의 지속적인 화해의 사역에 동참하는 것이다. 즉 절망을 기쁨으로 바꾸고, 이전의 원수들을 향해 용서를 베풀고, 편견을 바꾸고, 부와 지위로부터 오는 무거운 짐으로부터 자유하며, 수치의 삶을 사는 사람들에게 인간의 존엄을 회복하며, 잊어버린 사람을 기억해 함께 공감하는 사역에 동참하는 것이다. 그리스도인들은 일상에서 몸, 마음, 영, 관계를 치유하는 일을 담당하며 이 일의 증인들로 살아간다.

믿음으로의 초대는 또한 희망으로의 초대다. 하나님의 치유하시는 일에 동참하다보면, 우리는 죄와 이기심이 이 세상에서 쉽게 사라지지 않는다는 사실을 인정할 수밖에 없다. 우리는 여전히 병들과 결국은 죽게 될 몸을 가지고 산다. 우리는 여전히 언어와 문화의 제한을 받고 산다. 우리가 사는 현실과 우리가 살아야만 하는 모습과의 간극은 여전히 존재한다. 성경은 이를 "거울로 보는 것처럼 희미"하다고 표현한다. 그러나 그리스도의 제자들은 타락한 세상의 지저분한 곳으로 돌아가도록 우리를 지속적으로 불러내는 소망 안에서 산다. 우리는 불신의 세상을 향해 인간은 단지 물리적 존재만이 아니라 영적인 존재라는 사실을 선포하며 이러한 간극 안에서 살기를 선택한다. 비록 권력이 타락하였지만, 우리는 여전히 구속받은 새로운 공동체를 창조하는 꿈을 선포한다. 비록 인간으로서 우리 안에 죄성이 도사리고 있음을 고백하면서, 여전히 하나님 나라의 목표를 끌어안고 있음을 선언한다.

이러한 간극 안에서 살도록 초청하는 것은 이천년 전 예수가 갈릴리 해변에서 베드로와 안드레와 요한을 만나 초청하셨던 것만큼 이 시대를 사는 우리들에게도 분명하다. 그리고 그 초청에 반응하는 것은 매우 급진적이다.

만약 당신이 이 초청을 받아들인다면, 당신은 이미 이 여정에 있는 사람들의 무리에 합류하게 될 것이다. 이 여정은 항상 쉽지는 않고, 그 길은 항상 분명하지는 않다. 그리고 어쩌면 당신은 그 길을 따라 가는데 주저하는 자신의 모습을 발견할지도 모른다. 그러나 이 여정은 진귀한 경험으로 기쁨의 여정이 될 것이다. 예수께서는 "지금 하는 일을 버려두고, 나를 따라 오너라. 지금까지 생각하고 살았던 오래된 삶의 방식을 버려두고, 나를 따라 오너라."하시며 우리를 초청하신다.